闇から支配へ：闇の隠れた支配から解放される40日間

-

気づき、解放、そして力の世界的な祈り

自由を求める個人、家族、そして国家のために

による

ザカリアス・ゴッドシーグル、マンデー・O
・オグベ大使、コンフォート・ラディ オグ
ベ

Zacharias Godseagle; Ambassador Monday
O. Ogbe and Comfort Ladi Ogbe

Table of Contents

著作権ページ

闇から支配へ：闇の隠れた支配から解放される40日間 – 気づき、解放、そして力の世界的な祈り 著者
：ザカリアス・ゴッドシーグル、コンフォート・ラディ オグベと月曜日の大使 O. オグベ

本書はノンフィクションと宗教小説を組み合わせた作品です。プライバシー保護のため、一部の氏名および身元を特定できる情報は必要に応じて変更されています。

聖書の引用は以下の箇所から取られています。

- *新改訳聖書（NLT）* 、© 1996、2004、2015 Tyndale House Foundation。許可を得て使用。無断複写・転載を禁じます。

カバーデザイン：GEM TEAM

GEM TEAMによるインテリアレイアウト

発行者：
ザカリアス・ゴッズシーグル&ゴッズ・イーグル・ミニストリーズ - GEM
www.otakada.org | ambassador@otakada.org

初版 2025年
アメリカ合衆国で印刷

本について-闇から支配へ

闇から支配へ：闇の隠れた支配から解放される40日間 –*気づき*、*解放*、*そして力のための世界的な祈り– 自由になる準備ができている個人*、*家族*、*そして国家のために* は単なる祈りではありません。**大統領、首相、牧師、教会関係者、CEO、親、十代の若者、そして**静かな敗北の中で生きることを拒否するすべての信者のための 40 日間の世界的な解放の出会いです。

この強力な 40 日間の祈祷書は、***霊的な戦い***、***先祖の祭壇からの解放***、***魂のつながりの断ち切り***、***オカルトの暴露***、***元魔女***、***元悪魔崇拝者***、闇の力を克服した人々からの世界的な証言を取り上げています。

あなたが**国を率いていても**、**教会の牧師であっても**、**ビジネスを経営していて**も、**祈りの部屋で家族のために戦っていても**、この本は隠されてきたものを明らかにし、無視されてきたものに立ち向かい、自由になる力を与えてくれます。

気づき、解放、そして力のための40日間のグローバルデボーション

このページでは、次の内容について説明します。

- 血統の呪いと先祖の契約
- 精霊の配偶者、海の精霊、そしてアストラル操作
- フリーメイソン、カバラ、クンダリーニ覚醒、魔術の祭壇

- 子どもの献身、胎児の入信、そして悪魔の門番
- メディアの浸透、性的トラウマ、そして魂の断片化
- 秘密結社、悪魔のAI、偽のリバイバル運動

毎日の活動内容：
-実際のストーリーまたは世界的なパターン
-聖書に基づく洞察
-グループおよび個人の応用
-解放の祈り + 反省日記

この本は次のような方にぴったりです:

- 国家の精神的な明晰さと保護を求める大統領**または政策立案者**
- 成長と純粋さを阻む目に見えない力と闘う牧師**、仲介者、教会員**
- 不可解な戦争や妨害行為に直面しているCEO**やビジネスリーダー**
- 夢、苦痛、または奇妙な出来事に悩まされている十代の若者**や学生**
- 親**や保護者が**あなたの血統における霊的なパターンに気づく
- 突破口のない終わりのない祈りのサイクルに疲れた**キリスト教指導**者
- あるいは単に**生き残りから勝利の支配へと進む準備ができている信者**

なぜこの本なのか?

闇が光の仮面を被る時代において、**救済はもはや選択肢ではない**。

そして力は、情報を持ち、備え、そして服従する者に属する。

ゴッドシーグル、マンデー・0・オグベ大使、コンフォート・ラディ著 オグべさん、これは単なる教えではありません。教会、家族、そして国々が立ち上がり、恐れではなく知恵と権威を持って反撃するよう呼びかける世界的な警鐘なのです。

伝えていないものを弟子として育てることはできません。そして、闇の束縛から解放されない限り、支配権を握ることはできません。

悪循環を断ち切り、隠されたものに立ち向かい、一日一日、運命を取り戻そう。

裏表紙のテキスト

から支配へ
闇の隠れた支配から解放される40日間
気づき、解放、そして力のための世界的な祈り

大統領、**牧師**、**親**、あるいは永続的な自由と突破口を切望して**祈る信者**ですか?

先祖の契約、オカルトの束縛、海の精霊、魂の断片化、メディアの浸透など、目に見えない戦場を巡る40日間の世界規模の旅です。毎日、真の証、世界規模の顕現、そして実践可能な救済戦略が明らかになります。

以下のことがわかります:

- 霊的な門はどのように開かれ、どのように閉められるのか
- 繰り返される遅延、苦痛、束縛の隠れた根源
- 強力な毎日の祈り、反省、グループアプリケーション
- 解放だけでなく、**支配権**を歩む方法

アフリカの**魔術の祭壇**から北アメリカの**ニューエイジの欺瞞まで、**ヨーロッパの**秘密結社から**ラテンアメリカの**血の契約まで、この本はすべてを暴露します。**

DARKNESS TO DOMINION は、牧師、指導者、家族、十代の若者、専門家、CEO 、そして勝利のない戦い

を繰り返すことに疲れたすべての人のために書かれた、自由へのロードマップです。

「伝えていないものを弟子として育てることはできません。そして、闇の束縛から解放されない限り、支配者として歩むことはできません。」

1段落のメディアプロモーション（プレス/メール/広告宣伝文）

『闇から支配へ：闇の隠された支配から自由になるための40日間』は、祭壇、血統、秘密結社、オカルト儀式、そして日常の妥協を通して、敵が人々の人生、家族、そして国家にいかに浸透していくかを暴く、世界的な祈りの書です。あらゆる大陸からの物語と、実戦で試された解放戦略を収録した本書は、大統領や牧師、CEOやティーンエイジャー、主婦や精神的な戦士など、永続的な自由を切望するすべての人々に向けたものです。読むためだけでなく、鎖を断ち切るための書です。

推奨タグ

- 救出の祈り
- 霊的な戦い
- 元オカルトの証言
- 祈りと断食
- 世代間の呪いを破る
- 闇からの解放
- キリスト教の精神的権威
- 海の精霊
- クンダリーニの欺瞞
- 秘密結社の暴露
- 40日間の救出

 # キャンペーン用ハッシュタグ

#闇から支配へ

#救出の祈り

#鎖を断ち切る

#キリストによる自由

#グローバルアウェイクニング

#隠された戦いが明らかに

#解放のために祈る

#霊的戦いの本

#闇から光へ

#王国の権威

#もう束縛はやめよう

#ExOccultTestimonies

#クンダリーニ警告

#海洋霊の暴露

#40日間の自由

献身

私たちを暗闇からその素晴らしい光へと呼び出してくださった方、
私たちの救い主、光の担い手、栄光の王である**イエス・キリストに。**

目に見えない鎖に囚われ、夢に悩まされ、声に苦しめられ、誰にも見られない場所で暗闇と闘いながら、沈黙の中で叫んでいるすべての魂にとって、この旅はあなたのためのものです。

牧師、**仲介者**、**城壁の番人**、
夜通し祈る母親、諦め**ない**父親、
多くのことを見すぎている少年、早くに悪のしるしを受けた
少女、公権力の背後で目に見えない重荷を背負っている最高経営責任者、大統領、意思決定者、
秘密の束縛と**闘う**教会**員**、そして**敢えて**反撃する
精神的な戦士たち、これは立ち上がれというあなたへの呼びかけです。

そして、勇気を出して自分の体験を語ってくれた皆さん、ありがとう。皆さんの傷が、今、他の人々を自由にしているのです。

この祈りが影を照らす道を照らし、多くの人々を支配と癒し、そして聖なる炎へと導きますように。
あなたは忘れ去られてはいません。あなたは無力ではありません。あなたは自由のために生まれてきたのです。

–ザカリアス・ゴッドシーグル、マンデイ・O・オグベ大使、コンフォート・ラディ オグベ

謝辞

まず第一に、私たちは光と真理の創造主で**ある全能の神、父、子、聖霊を認めます**。神は、閉ざされた扉、ベール、説教壇、演壇の背後で起こる目に見えない戦いに私たちの目を開いてくださいました。私たちの救い主であり王であるイエス・キリストに、すべての栄光を捧げます。

苦悩、勝利、そして変革の物語を分かち合った世界中の勇敢な男女の皆さん、皆さんの勇気は、世界に自由の波を起こしました。沈黙を破ってくださり、ありがとうございます。

隠れた場所で働き、教え、執り成し、救い、見極めをしてきた城壁の上の奉仕者たちと見張りの者たちに、私たちはあなたたちの粘り強さを尊敬します。あなたたちの従順さは、要塞を打ち壊し、高位の欺瞞を暴き続けています。

私たちが真実を明らかにするために精神的な瓦礫を掘り起こしている間、私たちと共に立っていてくれた家族、祈りのパートナー、サポートチームの皆様、揺るぎない信仰と忍耐に感謝します。

研究者、YouTube の証言者、内部告発者、そしてプラットフォームを通じて闇を暴く王国の戦士たちへ。皆さんの大胆さが、この仕事に洞察力、啓示、そして緊急性を与えてくれました。

キリストの体なる皆様へ。この本はあなた方にも捧げられています。この本が、あなた方の内に、用心深く、見識深く、恐れを知らない聖なる決意を呼び覚ましますように。私たちは専門家としてではなく、証人として書いています。裁く者としてではなく、贖われた者として立ちます。

そして最後に、**この祈りの書の読者の皆さん、**あらゆる国の探求者、戦士、牧師、救出の牧師、生存者、そして真実を愛する人々、すべてのページがあなた方を**前進させる力を与えてくれますように。 闇を支配へ。**

– ザカリアス・ゴッドシーグル
– マンデー・0・オグベ大使
– コンフォート・ラディ オグベ

読者の皆様へ

これは単なる本ではありません。それは呼びかけなのです。

長らく隠されてきたものを明らかにし、世代、システム、そして魂を形作る目に見えない力に立ち向かうための呼びかけ。**若い探求者であれ、名状しがたい戦いに疲れ果てた牧師であれ、夜驚症と闘うビジネスリーダーであれ**、あるいは**容赦ない国家の闇に直面している国家元首であれ**、この祈りの書はあなたを**影から導き出す導き手となるでしょう**。

個人へ：あなたは狂っていません。夢や雰囲気、血統の中で感じるものは、確かに霊的なものかもしれません。神は単なる癒し手ではなく、解放者なのです。

家族へ: この 40 日間の旅は、依存症、早すぎる死、離婚、不妊、精神的苦痛、突然の貧困など、あなたの血統を長い間苦しめてきたパターンを特定し、それらを打破するためのツールを提供するのに役立ちます。

教会指導者と牧師の皆様へ：この出来事が、演壇だけでなく説教壇からも霊界に立ち向かうための、より深い識別力と勇気を呼び覚ましますように。解放は選択の余地がありません。それは大宣教命令の一部なのです。

CEO、起業家、そして専門家の皆さんへ：精神的な契約は役員室にも存在します。事業を神に捧げましょう。ビジネスの幸運、血の契約、フリーメイソンの恩恵に見せかけた先祖伝来の祭壇は取り壊しましょう。清い手で築き上げましょう。

見張り人、仲介者の皆様へ：皆さんの警戒は無駄ではありませんでした。この資源は、皆さんの街、地域、そして国にとって、皆さんの手にある武器なのです。

大統領や首相の皆様へ、もしこのメッセージがあなたの机に届いたら。国家は政策だけで統治されているのではありません。秘密裏に、あるいは公然と築かれた祭壇によって支配されているのです。隠された基盤が解決されない限り、平和は永遠に訪れません。この祈りの言葉が、世代を超えた改革へとあなたを鼓舞しますように。

若い男女へ。神はあなたを見ています。あなたを選んだのです。そして、あなたを永遠に救い出そうとしています。

これはあなたの旅です。一日一日。一つの鎖を一つずつ。

闇から支配へ ‐ 今こそあなたの時です。

この本の使い方

『闇から支配へ：闇の隠れた支配から自由になるための40日間』は、単なる祈りの書ではありません。解放のマニュアルであり、精神的なデトックスであり、そして戦いのブートキャンプなのです。一人で読む場合でも、グループで読む場合でも、教会で読む場合でも、あるいはリーダーとして他者を導く場合でも、この力強い40日間の旅を最大限に活用する方法をご紹介します。

毎日のリズム

毎日は、精神、魂、身体を動かすのに役立つ一貫した構造に従います。

- **主な祈りの教え**- 隠された暗闇を明らかにする啓示的なテーマ。
- **世界的な文脈**- この拠点が世界中でどのように現れているか。
- **実話**- さまざまな文化における真の救出体験。
- **行動計画**- 個人的な精神的な訓練、放棄、または宣言。
- **グループアプリケーション**- 小さなグループ、家族、教会、または救出チームで使用します。
- **重要な洞察**- 覚えておいて祈るべき、要約された要点。
- **反省日記**- それぞれの真実を深く理解するための心の質問。

- **解放の祈り** - 要塞を打ち破るための、対象を絞った霊的戦いの祈り。

必要なもの

- あなたの**聖書**
- 日記**帳またはノート**
- **聖油**（オプションですが、祈りの際に強力です）
- 聖霊の導きに従って**断食し、祈る**意志
- 深刻なケースの場合、**責任パートナーまたは祈りのチーム**

グループや教会での利用方法

- **毎日または毎週**集まって、洞察について話し合い、一緒に祈りを捧げましょう。
- メンバーに**反省日誌を完成させるよう促します。**
- **グループ アプリケーションセクション**を使用して、ディスカッション、告白、または共同の解放の瞬間を活性化します。
- より激しい症状に対処するために、訓練を受けたリーダーを任命します。

牧師、指導者、解放奉仕者向け

- 説教壇から、あるいは解放訓練学校で日々の話題を教えます。
- この祈りの書をカウンセリング ガイドとして使用できるようにチームを準備します。

- スピリチュアルマッピング、リバイバルミーティング、都市の祈祷活動など、必要に応じてセクションをカスタマイズします。

付録の参照

この本の最後には、次のような強力なボーナス リソースが掲載されています。

1. **完全な解放の毎日の宣言**- これを毎朝毎晩声に出して唱えます。
2. **メディア放棄ガイド**- エンターテインメントによる精神的な汚染からあなたの人生を解毒します。
3. **教会の隠された祭壇を識別するための祈り**- 仲介者と教会の働き手のために。
4. **フリーメーソン、カバラ、クンダリーニ、オカルトの放棄スクリプト**- 強力な悔い改めの祈り。
5. **集団救済チェックリスト**- クルセード、家庭集会、または個人のリトリートで使用します。
6. **証言ビデオリンク**

序文

目に見えず、言葉にも出ないが、激しく現実に起こっている戦争が、男性、女性、子供、家族、地域社会、そして国家の魂を激しく揺さぶっている。

この本は理論からではなく、情熱から生まれた。涙の溢れる解放の部屋から。影の中で囁かれ、屋上から叫ばれる証言から。深い学び、世界的な執り成し、そして信者たちを今もなお絡めとっている**闇の根源に対処できない表面的なキリスト教への聖なる憤りから**。

十字架に架けられたにもかかわらず、鎖を引きずり続けている人があまりにも多くいます。あまりにも多くの牧師が自由を説きながら、内心では情欲、恐怖、あるいは先祖伝来の契約といった悪魔に苦しめられています。あまりにも多くの家族が貧困、倒錯、依存症、不妊、恥辱といった悪循環に囚われ、その**理由も分かっていません**。そしてあまりにも多くの教会が、悪魔、魔術、血の祭壇、あるいは解放について「あまりにも激しい」という理由で語るのを避けています。

しかし、イエスは闇を避けたのではなく、**闇と対峙しました**。
悪霊を無視したのではなく、**追い払ったのです**。そして、あなたを赦すためだけに死んだのではなく、**あなたを解放する**ために死んだのです。

この40日間のグローバル・デボーションは、気軽な聖書研究ではありません。これは**霊的な手術室であり**、自由への日記であり、救いと真の自由の間で板挟みになっている人々のための、地獄からの脱出のための地図です。ポルノに囚われたティーンエイジャーであれ、蛇の夢に悩まされるファーストレディであれ、先祖の罪悪感に苦しむ首相であれ、秘密の束縛を隠している預言者であれ、悪魔の夢から目覚めた子供であれ、この旅はあなたのためのものです。

アフリカ、アジア、ヨーロッパ、北米、南米など、世界中から集められた物語は、**悪魔は人を差別しないという一つの真理を裏付けています**。しかし、神も同様です。神が他の人々のためにしてくださったことは、あなたにもしてくださるのです。

この本は、以下の方を対象に書かれています。

- 個人的な救済を求める**人々**
- 世代を超えた癒しを必要とする**家族**
- **牧師**と教会関係者
- 高い地位での霊的戦いを乗り切る**ビジネスリーダーたち**
- 真の復興を叫ぶ**国々**
- 知らないうちに扉を開けてしまった**若者たち**
- 構造と戦略を必要とする**解放の牧師**
- そして、**悪魔を信じない人でも**、このページで自分の物語を読むまでは

あなたは限界に挑戦するでしょう。困難に直面するでしょう。しかし、道を歩み続けるなら、あなたも**変わるでしょう**。

あなたはただ自由になるのではなく、
支配権を持って歩むのです。

さあ、始めましょう。

–ザカリアス・ゴッドシーグル、マンデー・O・オグベ大使、コンフォート・ラディ オグベ

序文

諸国に動揺が走っている。霊界に揺さぶりが起こっている。説教壇から議会まで、居間から地下教会まで、あらゆる場所で人々が恐ろしい真実に目覚めつつある。私たちは敵の影響力を見くびり、キリストにあって私たちが持つ権威を誤解していたのだ。

*『闇から支配へ』*は単なる祈りの書ではありません。それは警鐘であり、預言的な手引きです。苦悩する者、縛られる者、そして「なぜ私はまだ鎖につながれているのか？」と問う誠実な信者にとっての命綱です。

諸国でリバイバルと解放を目の当たりにしてきた者として、教会に欠けているのは知識ではなく、霊的な**気づき**、**大胆さ**、そして**規律であることを私は身をもって知っています**。この活動は、その溝を埋めるものです。世界的な証し、痛烈な真実、実践的な行動、そして十字架の力を織り交ぜ、40日間の旅路へと導きます。それは、眠っている人々の心の埃を払い落とし、疲れ果てた人々の心に火を灯すでしょう。

祭壇に立ち向かう勇気のある牧師、静かに悪魔の夢と闘っている若者、目に見えない契約に巻き込まれた事業主、*霊的に何かがおかしいとわかっていても*それを言葉で表現できないリーダー、この本はあなたのためのものです。

受動的に読まないでください。ページをめくるごとに心を揺さぶられましょう。物語をめくるごとに戦いが生まれますように。宣言をめくるごとに、口が火を帯びるように訓練されましょう。そして、この40日間を歩み終えた暁には、ただ自分の自由を祝うだけでなく、他者の自由を担う器となりましょう。

なぜなら、真の支配とは、暗闇から逃れることだけではありません。
方向転換して、他の人々を光の中に引き込むことなのです。

キリストの権威と力によって、

オグベ大使

導入

『闇から支配へ：闇の隠れた支配から解放される 40 日間』は単なる祈祷書ではなく、世界に対する警鐘です。

世界中で——田舎の村から大統領官邸、教会の祭壇から役員室まで——人々は自由を求めて叫んでいます。救済だけではありません。**解放、明晰さ、突破口、完全性、平和、そして力。**

しかし、真実はこうです。我慢しているものを追い出すことはできません。見えないものから自由になることはできません。この本は、そんな暗闇の中であなたを照らす光です。

40 日間、あなたは教え、物語、証言、そして戦略的行動を通して、闇の隠された活動を暴き、精神、魂、そして肉体を克服する力を与えられます。

牧師、CEO、宣教師、仲介者、ティーンエイジャー、母親、国家元首など、どんな立場の人でも、本書の内容はきっとあなたに向き合うでしょう。あなたを恥じ入らせるためではなく、あなたを解放し、他の人々を自由へと導くための準備を整えるためです。

、聖書に根ざし、実際の出来事によって研ぎ澄まされ、イエスの血に浸された**、気づき、解放、そして力についての世界的な祈り**です。

この祈りの書の使い方

1. **5つの基礎章から始めましょう**
。これらの章は基礎を築くものです。飛ばさずに読んでください。闇の霊的構造と、それを克服するために与えられた権威を理解するのに役立ちます。
2. **毎日を意図的に過ごしましょう。**
毎日のエントリには、焦点となるテーマ、世界的な兆候、実際のストーリー、聖文、行動計画、グループでの応用アイデア、重要な洞察、日記のプロンプト、そして力強い祈りが含まれます。
3. この本の最後にある「**毎日の 360° 宣言**」
で毎日を締めくくりましょう。この強力な宣言は、あなたの自由を強化し、精神的な門を守るように設計されています。
4. **一人でもグループでも使えます。**
個人でも、グループでも、家庭の交わりでも、執り成しのチームでも、解放のミニストリーでも、聖霊がペースを導き、戦闘計画を個人に合わせてくれるようにしましょう。
5. **反対は覚悟してください。そして、突破口となる**
抵抗がやって来るでしょう。しかし、自由も訪れます。解放は一つのプロセスであり、イエスはあなたと共に歩むことを約束しておられます。

基礎章（1日目の前に読む）

1. ダーク・キングダムの起源

ルシファーの反逆から悪魔の階層構造と領土霊の出現まで、この章では聖書と霊における闇の歴史を辿ります。闇の始まりを理解することで、闇がどのように機能するかを理解する助けとなります。

2. ダークキングダムの現在の活動

この章では、契約や血の犠牲から祭壇、海の精霊、テクノロジーの侵入まで、メディア、流行、さらには宗教がどのようにカモフラージュとして機能するかを含め、古代の精霊の現代的な顔を明らかにします。

3. エントリーポイント：人々が夢中になる方法

偶然に束縛の中に生まれる人はいません。本章では、トラウマ、先祖の祭壇、魔術への暴露、魂の繋がり、オカルトへの好奇心、フリーメイソン、偽りのスピリチュアリティ、文化的慣習といった、束縛への入り口を検証します。

4. 顕現：所有から強迫観念へ

束縛とはどのようなものなのでしょうか。悪夢から結婚の遅れ、不妊、依存症、怒り、そして「聖なる笑い」まで、この章では、悪魔がどのように問題、賜物、あるいは人格に変装するかを明らかにします。

5. 言葉の力：信者の権威

40日間の戦いを始める前に、キリストにおけるあなたの法的権利を理解しなければなりません。この章では、霊的な律法、戦いの武器、聖書の儀式、そして解放の言葉であなたを武装させます。

始める前に最後の励ましの言葉

神はあなたを闇*を管理するために召しておられるのではありません。*闇
を支配するために召しておられるのです。
力や権力ではなく、神の霊によって。

これからの40日間を、単なる祈りの日々以上のものにしましょう。
かつてあなたを支配していたすべての祭壇の葬儀…そして神があなたに定めた運命への戴冠式としましょう。

あなたの支配の旅が今始まります。

第1章：ダークキングダムの起源

「私たちの戦いは、血肉に対するものではなく、支配と権威、この暗黒の世界の支配者たち、また天上にいる悪の霊に対する戦いなのです。」 –エペソ人への手紙6章12節

人類が時間の舞台に立つ遥か昔、天で目に見えない戦争が勃発しました。これは剣や銃による戦争ではなく、反逆、すなわち至高の神の神聖さと権威に対する大逆罪でした。聖書は、神の最も美しい天使の一人、輝く者**ルシファーが神の御座よりも高く自らを高めた**

ことを暗示する様々な箇所を通して、この謎を解き明かしています（イザヤ書 14:12-15、エゼキエル書 28:12-17）。

この宇宙的反乱により、堕天使（現在の悪魔）、君主、そして神の意志と神の民に敵対する勢力から構成される、精神的な抵抗と欺瞞の領域である**ダーク キングダムが誕生しました。**

闇の堕落と形成

ルシファーは最初から悪人だったわけではない。彼は知恵と美しさにおいて完璧な存在として創造された。しかし、彼の心に傲慢さが入り込み、それが反逆へと変わった。彼は天の天使の三分の一を欺いて自分に従わせ（黙示録12:4）、彼らは天から追放された。人類に対する彼らの憎しみは嫉妬に根ざしている。人類は神の似姿として創造され、支配権を与えられたからである。

、光の王国と**闇の王国**の戦争が始まった。それは、あらゆる魂、あらゆる家庭、あらゆる国家に影響を与える、目に見えない紛争であった。

ダークキングダムのグローバルな表現

目に見えないものの、この闇の王国の影響は以下に深く根付いています。

- **文化的伝統**（祖先崇拝、血の犠牲、秘密結社）

- **エンターテイメント**（サブリミナルメッセージ、オカルト音楽、ショー）
- **統治**（汚職、血の協定、誓約）
- **テクノロジー**（依存、支配、精神操作のためのツール）
- **教育**（ヒューマニズム、相対主義、偽りの啓蒙）

アフリカの呪術から西洋のニューエイジ神秘主義まで、中東のジン崇拝から南米のシャーマニズムまで、形は異なりますが、その**精神は同じです**。それは欺瞞、支配、そして破壊です。

この本が今なぜ重要なのか

サタンの最大の策略は、自分が存在しない、あるいはもっとひどいことに、自分のやり方は無害だと人々に信じさせることです。

この祈祷書は**精神的な知性のマニュアルであり**、ベールを取り除き、彼の計画を暴露し、大陸を越えて信者に力を与えます。

- エントリーポイント**を認識する**
- 隠された契約**を放棄する**
- 権威を持って**抵抗する**
- 盗まれたもの**を取り戻す**

あなたは戦いの中に生まれた

これは気の弱い人向けの祈りではありません。あなたは遊び場ではなく戦場に生まれました。しかし、良い知らせがあります。**イエスはすでに戦いに勝利しておられます！**

「イエスは、支配者や権威者たちの武装を解除し、彼らに恥をかかせ、御自身において彼らに勝利をおさめられました。」 –コロサイ2:15

あなたは被害者ではありません。キリストを通して、あなたは勝利者以上の存在です。闇を暴き、大胆に光へと歩みましょう。

重要な洞察

闇の起源は、傲慢、反抗、そして神の支配への拒絶です。これらの種は今もなお、人々の心と体制の中に潜んでいます。霊的な戦いを理解するには、まず反抗がどのように始まったのかを理解する必要があります。

反省日記

- 私は霊的な戦いを迷信として無視しただろうか？
- 古代の反乱に関係しているかもしれない、どのような文化的または家族的慣習を私が正常化してきたでしょうか?
- 自分が生まれた戦争を本当に理解しているだろうか？

啓示の祈り

天の父よ、私の周囲と内に潜む反抗の根源を明らかにしてください。私が知らず知らずのうちに抱いていたかもしれない闇の嘘を暴いてください。あなたの真理

があらゆる影の場所に輝きますように。私は光の王国を選びます。真実と力と自由の中を歩むことを選びます。イエス・キリストの御名によって。アーメン。

第2章：闇の王国の現在の活動

「サタンがわたしたちにつけこむことのないように。わたしたちはその計略を知らないわけではないのです。」 – コリント人への手紙二 2:11

闇の王国は行き当たりばったりに活動するわけではありません。それは軍事戦略を反映した、綿密に組織化された、深く階層化された霊的な基盤です。その目的は、侵入、操作、支配、そして最終的には破壊です。神の王国に階級と秩序（使徒、預言者など）があるように、闇の王国にも同様に、君主制、権力、闇の支配者、そして高位の霊的な悪が存在します（エペソ6:12）。

闇の王国は神話ではありません。民間伝承や宗教的迷信でもありません。それは目に見えないものの、現実に存在する霊的エージェントのネットワークであり、システム、人々、そして教会さえも操り、サタンの計画を遂行します。多くの人が熊手や赤い角を想像しますが、この王国の実際の活動ははるかに巧妙で、組織的、そして邪悪です。

1. 欺瞞は彼らの通貨である

敵は嘘を売り物にしています。エデンの園（創世記3章）から現代の哲学に至るまで、サタンの策略は常に神の言葉に疑念を植え付けることに重点を置いてきました。今日、欺瞞は以下のような形で現れます。

- *啓蒙を装ったニューエイジの教え*
- *文化的誇りを装ったオカルト的実践*

- *音楽、映画、漫画、ソーシャルメディアのトレンドで美化された魔術*

人々は、知らないうちに、識別力なしに、精神的な扉を開く儀式に参加したり、メディアを消費したりします。

2. 悪の階層構造

神の王国に秩序があるように、闇の王国は定められた階層構造の下で運営されています。

- **君主国**- 国家や政府に影響を与える領土の精神
- **パワーズ**- 悪魔のシステムを通じて悪事を強制するエージェント
- **闇の支配者**- 霊的な盲目、偶像崇拝、偽りの宗教の調整者
- **高位の霊的邪悪**- 世界の文化、富、技術に影響を与えるエリートレベルの組織

それぞれの悪魔は、恐怖、依存症、性的倒錯、混乱、傲慢、分裂といった特定の任務に特化しています。

3. 文化統制のツール

悪魔はもはや物理的に姿を現す必要がありません。今や文化が重労働を担っています。悪魔の今日の戦略には以下が含まれます。

- **サブリミナルメッセージ：**隠されたシンボルや逆メッセージに満ちた音楽、ショー、広告

- **脱感作：**罪（暴力、ヌード、冒涜）に繰り返しさらされ、それが「普通」になるまで
- **マインドコントロール技術：**メディア催眠、感情操作、中毒性アルゴリズムを通じて

これは偶然ではありません。これらは、道徳的信念を弱め、家族を破壊し、真実を再定義するために設計された戦略です。

4. 世代間の合意と血統

夢、儀式、献身、あるいは先祖との契約を通して、多くの人々は知らず知らずのうちに闇と結びついています。サタンはそれを利用します。

- 家族の祭壇と祖先の偶像
- 精霊を呼び寄せる命名儀式
- 受け継がれてきた秘密の家族の罪や呪い

、イエスの血によって契約が破られるまで、苦難の法的根拠を開きます。

5. 偽りの奇跡、偽りの預言者

闇の王国は宗教を愛する――特に真実と力に欠ける宗教を。偽預言者、誘惑する霊、偽りの奇跡が民衆を欺く。

「サタン自身が光の天使に変身するのです。」 –コリント人への手紙二11:14

今日、多くの人が、耳に心地よく響くが魂を縛る声に従っています。

重要な洞察

悪魔はいつも声高に語るわけではない。時には妥協を通して囁くこともある。ダーク・キングダムの最大の戦術は、人々を巧妙に奴隷化しながら、自由だと思い込ませることだ。

反省日記:

- あなたのコミュニティや国では、このような活動がどこで行われているのを目にしましたか?
- あなたが標準化している番組、音楽、アプリ、儀式の中に、実際には操作のツールである可能性のあるものはありますか?

気づきと悔い改めの祈り：

主イエスよ、私の目を開いて敵の働きを見させてください。私が信じてきたすべての嘘を暴いてください。知らず知らずのうちに、私が開いてしまったすべての扉を赦してください。私は闇との契約を破り、あなたの真実、あなたの力、そしてあなたの自由を選びます。イエスの御名によって。アーメン。

第3章 エントリーポイント -
人々が夢中になる方法

「悪魔に足場を与えてはいけません。」 -エペソ4:27

あらゆる文化、世代、そして家庭には、霊的な闇が入り込む隠れた入り口、つまり門があります。これらの入り口は、一見無害に見えるかもしれません。子供の頃の遊び、家族の儀式、本、映画、未解決のトラウマなどです。しかし、一度開かれると、それらは悪魔の影響力の正当な根拠となります。

一般的なエントリポイント

1. **血統の契約**- 悪霊へのアクセスを継承する先祖の誓い、儀式、偶像崇拝。
2. **幼少期のオカルトへの暴露- ボリビアの*ルルド・バルディビア***の話にあるように、魔術、心霊術、またはオカルトの儀式に暴露された子供たちは、精神的に危うくなることが多い。
3. **メディアと音楽**- 暗黒、官能、反抗を賛美する歌や映画は、微妙に霊的な影響を及ぼす可能性があります。
4. **トラウマと虐待**- 性的虐待、暴力によるトラウマ、拒絶は、抑圧的な霊に対して魂の扉を開く可能性があります。
5. **性的罪と魂のつながり**- 不法な性的結合は、しばしば霊的なつながりと霊の転移を生み出します。

6. **ニューエイジと偽りの宗教**- クリスタル、ヨガ、スピリットガイド、星占い、そして「白魔術」は隠された招待状です。
7. **苦々しさと許しのなさ**- これらは悪霊に苦しめる法的権利を与えます（マタイ18:34参照）。

世界的な証言のハイライト：*ルルド・バルディビア（ボリビア）*

ルルドはわずか7歳で、長年のオカルティストであった母親から魔術の世界に足を踏み入れました。彼女の家には、シンボル、墓地の骨、魔術書が溢れていました。彼女は幽体離脱、幻聴、そして苦痛を経験し、ついにイエス・キリストに出会い、解放されました。彼女の物語は数ある物語の一つであり、幼少期の接触と世代を超えた影響が、いかに霊的な束縛への扉を開くかを示すものです。

Greater Exploits リファレンス:

人々が「無害な」行為を通して知らず知らずのうちに扉を開き、闇に捕らわれてしまったという話は、*『Greater Exploits 14』*と*『 Delivered from the Power of Darkness 』に書かれています。*（付録をご覧ください）

重要な洞察

敵はめったに押し入ってくることはありません。扉が少し開くのを待ちます。無邪気で、受け継がれてきたもの、あるいは楽しいと感じられるものが、敵にとってまさに必要な扉となることもあります。

反省日記

- 私の人生の中で、どんな瞬間が精神的な入り口となったのでしょうか。
- 手放すべき「無害な」伝統や物はありますか？
- 自分の過去や家系から何かを放棄する必要があるでしょうか?

放棄の祈り

父なる神よ、私や私の先祖が闇へと開いたあらゆる扉を閉じます。あらゆる契約、魂の絆、そして不浄なものへの露出を放棄します。イエスの血によってあらゆる鎖を断ち切ります。私の体、魂、そして霊はキリストのみに属することを宣言します。イエスの御名によって。アーメン。

第4章：顕現 - 憑依から執着へ

「汚れた霊が人から出て行くと、乾いた所を巡り歩き、休み場を探し求めるが、見つからない。そして、『出て行った家に帰ろう』と言うのだ。」 – マタイ12:43

人が闇の王国の影響下に入ると、悪魔のアクセスレベルに応じて様々な顕現が現れます。霊的な敵は訪問だけでは満足せず、その究極の目的は居住と支配です。

顕現のレベル

1. **影響力**- 敵は思考、感情、決断を通じて影響力を獲得します。
2. **抑圧**- 外部からの圧力、重苦しさ、混乱、苦痛があります。
3. **強迫観念**- 暗い考えや強迫的な行動に執着するようになります。
4. **憑依**- 稀ではあるものの実際に、悪魔が住み着いて、人の意志、声、または身体を支配してしまうケースがあります。

顕現の度合いは、精神的な妥協の深さと関係していることが多いです。

顕現に関する世界的な事例研究

- **アフリカ:**霊の夫/妻、狂気、儀式的な奴隷化の事例。

- **ヨーロッパ:** ニューエイジの催眠術、幽体離脱、精神の断片化。
- **アジア:** 祖先の魂のつながり、輪廻の罠、血統の誓い。
- **南アメリカ:** シャーマニズム、霊的導き、霊能者の占い依存症。
- **北米:** メディアにおける魔術、「無害な」星占い、薬物への入り口。
- **中東:** ジンとの遭遇、血の誓い、そして予言の偽造。

各大陸は同じ悪魔のシステムを独自の形で偽装しており、信者はその兆候を認識する方法を学ばなければなりません。

悪魔の活動の一般的な症状

- 繰り返し見る悪夢や睡眠麻痺
- 声や精神的苦痛
- 強迫的な罪と繰り返される背教
- 原因不明の病気、恐怖、怒り
- 超自然的な力や知識
- 霊的な事柄に対する突然の嫌悪

重要な洞察

私たちが「精神的」「感情的」「医学的」と呼んでいる問題は、時に霊的な問題である場合があります。必ずしもそうとは限りませんが、多くの場合、識別力が極めて重要です。

反省日記

- 本質的に霊的な葛藤が繰り返されていることに気づきましたか?
- 私の家族には世代的に破壊のパターンがあるのでしょうか?
- 私の人生に、どんなメディア、音楽、人間関係を許しているだろうか？

放棄の祈り

主イエスよ、私の人生におけるあらゆる隠れた約束、開かれた扉、そして不敬虔な契約を放棄します。故意であろうと無意識であろうと、あなたに属さないものとの関係を断ち切ります。聖霊の炎を招き、私の人生におけるあらゆる闇を焼き尽くしてください。私を完全に解放してください。あなたの力強い御名によって。アーメン。

第5章 言葉の力 — 信者の権威

「見よ、わたしはあなたたちに、蛇やサソリを踏みつけ、敵のあらゆる力に打ち勝つ権威を与える。そして、何物もあなたたちに害を及ぼすことはない。」 -ルカによる福音書 10:19 (KJV)

多くの信者は、自分が持つ光を理解していないため、闇を恐れて生きています。しかし聖書は、**神の言葉が単なる剣（エペソ6:17）ではなく**、火（エレミヤ23:29）、槌、種、そして命そのものであることを明らかにしています。光と闇の戦いにおいて、神の言葉を知り、宣言する者は決して犠牲者になることはありません。

この力とは何でしょうか?

信者が持つ力は、**委任された権威です**。バッジをつけた警察官のように、私たちは自分の力ではなく、**イエスの名**と神の言葉によって立ちます。イエスが荒野でサタンを打ち負かした時、叫んだり、泣いたり、慌てたりすることはありませんでした。ただこう言われました。 *「こう書いてある。」*

これはすべての霊的戦いのパターンです。

多くのクリスチャンが敗北し続ける理由

1. **無知**- 彼らは聖書が自分たちのアイデンティティについて何を言っているかを知りません。
2. **沈黙**- 彼らは状況に対して神の言葉を宣言しません。

3. **一貫性の欠如**‐ 彼らは罪のサイクルの中で生きており、それが自信とアクセスを蝕んでいます。

より深く信じ、大胆に宣言することです。

権威の行動 - グローバルストーリー

- **ナイジェリア：**カルト信仰に囚われていた少年は、母親が毎晩彼の部屋に聖油を注ぎ、詩篇第91篇を唱え続けたことで救われた。
- **米国：**元ウィッカ教徒の女性が、同僚が何ヶ月も毎日彼女の職場で聖句を静かに唱え続けたことをきっかけに、魔術をやめた。
- **インド：**信者が絶え間ない黒魔術攻撃を受けながらもイザヤ書 54 章 17 節を宣言。攻撃は止み、加害者は自白した。
- **ブラジル：**ある女性は自殺願望を克服するためにローマ人への手紙第8章を毎日唱え、超自然的な平安の中で歩み始めました。

御言葉は生きています。御言葉は私たちの完璧さを必要とせず、ただ信仰と告白だけを必要とします。

戦争で言葉をどう使うか

1. アイデンティティ、勝利、保護に関連する**聖句を暗記します。**
2. **声に出して御言葉を唱えましょう**。
3. **祈りの中でそれを使って**、状況に対する神の約束を宣言してください。

4. 御言葉をあなたの錨として**断食し、祈りなさい。（マタイ17:21）**

戦争の基礎となる聖書

- *コリント人への第二の手紙10章3～5節-* 要塞の破壊
- *イザヤ書54章17節-* 造られた武器はどれも成功しない
- *ルカ10:19* - 敵に対する力
- *詩篇91篇-* 神の保護
- *黙示録12:11* - 血と証しによって打ち負かされる

重要な洞察

あなたの口にある神の言葉は、信仰をもって語られるとき、神の口にある言葉と同じくらい強力です。

反省日記

- 信者としての自分の霊的な権利を知っているだろうか？
- 今日、私はどの聖句に積極的に立ちますか。
- 私は恐怖や無知によって権威を沈黙させてしまったのだろうか？

力を与える祈り

父なる神よ、キリストにある私の権威に私の目を開いてください。大胆さと信仰をもってあなたの御言葉を振るう方法を教えてください。恐れや無知に支配されてきたところに、啓示を与えてください。私は今日、

神の子として、御霊の剣を携えて立ちます。私は御言葉を語ります。私は勝利の中に立ちます。敵を恐れません。私の内におられる方が偉大だからです。イエスの御名によって。アーメン。

1日目：血統と門 — 家族の鎖を断ち切る

「私たちの先祖は罪を犯してもういません。私たちは彼らの罰を負っています。」 −哀歌5:7

あなたは救われるかもしれませんが、あなたの血統にはまだ歴史があり、古い契約が破られるまでそれは語り続けます。

どの大陸にも、隠された祭壇、先祖伝来の契約、秘密の誓い、そして受け継がれた不義が、具体的に対処されるまでは生き続けています。曽祖父母の時代から始まったものが、今日の子供たちの運命を今も支配しているのかもしれません。

グローバル表現

- **アフリカ**- 家族の神、神託、世代を超えた魔術、血の犠牲。
- **アジア**- 祖先崇拝、輪廻の絆、カルマの連鎖。
- **ラテンアメリカ**- サンテリア、死の祭壇、シャーマニズムの血の誓い。
- **ヨーロッパ**- フリーメイソン、異教のルーツ、血統協定。
- **北米**- ニューエイジの遺産、フリーメーソンの血統、オカルト的な物体。

誰かが立ち上がって「もうたくさんだ！」と言うまで、呪いは続く。

より深い証言 — 根源からの癒し

西アフリカ出身の女性は、*『Greater Exploits 14』を読んだ後*、自身の慢性的な流産と原因不明の苦痛が、祖父が神殿の神官であったことと関係があることに気づきました。彼女は何年も前にキリストを受け入れていましたが、家族の聖約について考えたことはありませんでした。

3日間の祈りと断食の後、彼女はガラテヤ人への手紙3章13節を用いて、いくつかの家宝を破壊し、聖約を放棄するよう導かれました。その月、彼女は妊娠し、満期出産しました。現在、彼女は癒しと解放の働きにおいて人々を導いています。

*『闇の力からの解放』という*本に登場し、曽祖父から密かに受け継がれていたフリーメイソンの呪いを放棄することで自由を手に入れました。彼はイザヤ書49章24-26節などの聖句を実践し、解放の祈りを捧げるようになったところ、精神的な苦しみは消え、家庭に平和が戻りました。

これらの物語は偶然ではなく、真実が起こっていることの証言です。

行動計画 - 家族の棚卸し

1. 家族の既知の信念、慣習、所属（宗教、神秘主義、秘密結社など）をすべて書き留めます。
2. 隠された祭壇と契約の啓示を神に求めなさい。

3. 偶像崇拝やオカルトの実践に関係するあらゆる物を祈りの気持ちで破壊し、廃棄してください。
4. 導かれるままに断食し、以下の聖句を使って法的な境界を破ってください。
    - *レビ記 26:40-42*
    - *イザヤ書49:24-26*
    - *ガラテヤ3:13*

グループディスカッションとアプリケーション

- 家庭でよく行われる習慣で、無害だと見なされがちだが、霊的に危険なものは何でしょうか。
- メンバーに、自分の血統における夢、物、または繰り返される周期などを匿名で（必要な場合）共有してもらいます。
- 集団での放棄の祈り － 各人が放棄する家族または問題の名前を唱えます。

奉仕のためのツール：聖油を持参し、聖餐を捧げます。グループを率いて、それぞれの家系をキリストに捧げる、聖約の祈りを捧げます。

重要な洞察

新しく生まれることはあなたの魂を救います。家族の聖約を破ることはあなたの運命を守ります。

反省日記

- 私の家族には何があるのだろう？私から何をやめなければならないのだろう？
- 私の家には、取り除くべき品物、名前、伝統などはありますか?
- 私の先祖が開いた扉のうち、私が今閉めなければならない扉は何でしょうか?

解放の祈り

主イエスよ、より善いことを語るあなたの血に感謝します。今日、私はあらゆる隠された祭壇、家族の契約、そして受け継がれてきた束縛を放棄します。血統の鎖を断ち切り、私は新たな創造物であると宣言します。私の人生、家族、そして運命は、今やあなただけのものとなりました。イエスの御名によって。アーメン。

2日目：夢の侵略 — 夜が戦場となるとき

「人々が眠っている間に、敵が来て、麦の中に毒麦を蒔いて立ち去った。」 -マタイ13:25

多くの人にとって、最大の霊的戦いは起きている間に起こるのではなく、眠っているときに起こります。

夢は単なる脳のランダムな活動ではありません。警告、攻撃、契約、そして運命が交わされる霊的な門なのです。敵は眠りを静かな戦場として利用し、恐怖、欲望、混乱、そして遅延を撒き散らします。ほとんどの人がその戦いに気づいていないため、抵抗されることなく進んでいきます。

グローバル表現

- **アフリカ**- 霊的な配偶者、蛇、夢の中での食事、仮面舞踏会。
- **アジア**- 祖先との遭遇、死の夢、カルマによる苦しみ。
- **ラテンアメリカ**- 動物的な悪魔、影、金縛り。
- **北米**- アストラル投影、エイリアンの夢、トラウマの再現。
- **ヨーロッパ**- ゴシックの顕現、性の悪魔（インキュバス/サキュバス）、魂の断片化。

サタンがあなたの夢をコントロールできるなら、あなたの運命にも影響を与えることができます。

証言 - 夜驚症から平和へ

イギリスの若い女性が、*『元悪魔主義者：ジェームズ・エクスチェンジ』を読んだ後*、*メール*をくれた。彼女は長年、追いかけられる夢、犬に噛まれる夢、見知らぬ男性と寝る夢に悩まされてきたと話してくれた。そして、その夢はいつも現実で挫折を強いられる。恋愛関係は破綻し、仕事のチャンスは消え、常に疲れ果てていた。

断食とヨブ記33章14-18節などの聖句の学習を通して、彼女は神がしばしば夢を通して語りかけることを知りました。しかし、敵もまた同じように語りかけるのです。彼女は頭に油を塗り、目覚めた時に声に出して邪悪な夢を拒絶し、夢日記をつけるようになりました。すると次第に、彼女の夢はより鮮明で穏やかなものになっていきました。現在、彼女は夢の発作に苦しむ若い女性のための支援グループを率いています。

ナイジェリア人ビジネスマンは、YouTubeの証言を聞いて、毎晩食べ物が出される夢が魔術と関係していることに気づきました。夢の中でその食べ物を受け取るたびに、ビジネスがうまくいかなくなってしまったのです。彼は夢の中でその食べ物をすぐに拒否し、寝る前に異言で祈ることを学び、今では代わりに神の計らいや警告を見るようになりました。

行動計画 - 夜間監視を強化する

1. **寝る前：**聖文を声に出して読み、礼拝し、頭に油を塗りましょう。

2. **夢日記：** 目覚めたら、良い夢も悪い夢もすべて書き留めてください。聖霊に解釈を求めてください。
3. **拒否と放棄:** 夢に性行為、親戚の死、食事、束縛などが含まれる場合は、祈りの中で直ちにそれを放棄してください。
4. **聖書戦争：**
   - *詩篇4:8* – 安らかな眠り
   - *ヨブ記33:14-18* – 神は夢を通して語る
   - *マタイ13:25* – 毒麦をまく敵
   - *イザヤ書54章17節*あなたに対して武器は造られていない

グループ申請

- 最近の夢を匿名で共有しましょう。グループでパターンや意味を考えてみましょう。
- 悪い夢を言葉で拒絶し、良い夢を祈りで封じる方法を会員に教えます。
- グループ宣言：「私たちはイエスの名において、夢の中での悪魔的な取引を禁じます！」

ミニストリーツール:

- 夢日記をつけるために紙とペンを持参してください。
- 自分の家やベッドに聖油を塗る方法を実演します。
- 夜の契約の証として聖餐を捧げます。

重要な洞察

夢は神との出会いへの入り口となるか、悪魔の罠となるかのどちらかです。識別力が鍵となります。

反省日記

- 私はいつもどんな夢を見てきたのでしょうか?
- 自分の夢についてじっくり考える時間を取っていますか？
- 私の夢は私が無視した何かについて警告していたのでしょうか?

夜警の祈り

父なる神よ、私の夢をあなたに捧げます。私の眠りに悪の力が入り込まないようにしてください。夢の中でのあらゆる悪魔の契約、性的汚れ、そして操作を拒絶します。眠る間、神の訪れ、天からの教え、そして天使の守りを受けます。私の夜が平安と啓示と力で満たされますように。イエス・キリストの御名によって、アーメン。

3日目：霊的な配偶者 — 運命を結びつける不聖な結びつき

「あなたの造り主はあなたの夫であり、その名は万軍の主である…」 –イザヤ書54章5節
「彼らは息子や娘を悪魔に捧げた。」 –詩篇106章37節

多くの人が結婚生活の打開を叫んでいる一方で、彼らが気づいていないのは、彼らがすでに**霊的な結婚生活を送っているということであり**、それは彼らが決して同意したことのない結婚生活なのです。

これらは、**夢、性的虐待、血の儀式、ポルノ、先祖への誓い、あるいは悪魔の転移を通して結ばれる契約です**。霊の配偶者（インキュバス（男性）またはサキュバス（女性））は、相手の肉体、親密な関係、そして未来に対する法的権利を行使し、しばしば人間関係を阻害し、家庭を破壊し、流産を引き起こし、依存症を助長します。

世界的な兆候

- **アフリカ**- 海の精霊（マミ・ワタ）、水の王国の精霊の妻/夫。
- **アジア**- 天上の結婚、カルマによるソウルメイトの呪い、生まれ変わった配偶者。
- **ヨーロッパ**- 魔術の結合、フリーメイソンやドルイド教に由来する悪魔の恋人。
- **ラテンアメリカ**- サンテリア結婚、愛の呪文、契約に基づく「霊の結婚」。

- **北米**- ポルノが誘発する霊的ポータル、ニューエイジのセックススピリット、インキュバスとの遭遇の現れとしてのエイリアンによる誘拐。

実話 ― 結婚の自由を求める戦い

ナイジェリア、トル。
トルは32歳で独身だった。婚約するたびに、相手は突然姿を消した。彼女は盛大な儀式で結婚することを夢見続けていた。*『Greater Exploits 14』の中*で、トルは自分のケースがそこに記された証言と一致していることに気づきました。彼女は3日間の断食と毎晩真夜中に戦いの祈りを捧げ、魂の繋がりを断ち切り、自分を襲った海の霊を追い払いました。現在、彼女は結婚し、他の人々のカウンセリングを行っています。

リナ（フィリピン）
リナは夜になると、しばしば何かの「存在」を感じていました。脚と太ももに説明のつかない痣が現れ始めるまでは、気のせいだと思っていました。牧師は、リナが霊的な伴侶であることを示しました。彼女は過去に中絶とポルノ中毒を告白し、解放を経験しました。現在は、地域社会の若い女性たちが同じようなパターンに気づくのを手助けしています。

行動計画 - 契約の破棄

1. 性的な罪、魂のつながり、オカルトへの暴露、または先祖の儀式について**告白し、悔い改めます。**

2. 祈りの中で、すべての霊的な結婚を**拒否します。もし明らかにされるなら、名前を挙げて拒否します。**
3. イザヤ書 54 章と詩篇 18 篇を主聖句として 3 日間（または導かれるままに）**断食します。**
4. 過去の恋人やオカルト的なつながりに結びついた指輪、衣服、贈り物など、物理的な証**を破壊します。**
5. **声に出して宣言します**：

私はいかなる霊とも結婚していません。私はイエス・キリストと聖約を交わしています。私の体、魂、そして霊において、あらゆる悪魔との結びつきを拒否します。

聖書ツール

- イザヤ書54章4～8節 - 神はあなたの真の夫
- 詩篇18章 - 死の縄を断ち切る
- 1コリント6:15-20 - あなたの体は主のものです
- ホセア書2:6-8 - 不敬虔な契約を破る

グループ申請

- グループのメンバーに質問します。結婚式、見知らぬ人とのセックス、夜の影の人物に関する夢を見たことがありますか?
- 霊的配偶者のグループ放棄を主導します。

- 「天国の離婚裁判所」のロールプレイを行います。参加者はそれぞれ、祈りの中で神の前で霊的な離婚を申請します。
- 浄化、再生、動きの象徴として、頭、腹部、足に聖油を塗ります。

重要な洞察

悪魔的な結婚は現実に存在します。しかし、イエスの血によって破壊できない霊的な結びつきは存在しません。

反省日記

- 結婚やセックスに関する夢を繰り返し見たことがありますか?
- 私の人生には拒絶、遅延、流産のパターンがありますか?
- 私は自分の身体、性、そして将来を神に完全に捧げるつもりだろうか？

救済の祈り

天の父なる神よ、私は既知であろうと未知であろうと、あらゆる性的罪を悔い改めます。私の命を奪う、あらゆる霊的配偶者、海の精霊、そしてオカルト的な結婚を拒絶し、放棄します。イエスの血の力によって、あらゆる契約、夢の種、そして魂の絆を断ち切ります。私はキリストの花嫁であり、神の栄光のために聖別された者であることを宣言します。イエスの御名によって、私は自由に歩みます。アーメン。

4日目：呪われた物 – 汚れた扉

「忌まわしいものをあなたの家に持ち込んではならない。そうしないと、あなたも同じように呪われるからである。」 – 申命記 7:26

多くの人が無視する隠れた入り口

すべての所有物が単なる所有物とは限らない。歴史を帯びたものもあれば、魂を宿したものもある。呪われた物は偶像や工芸品だけではない。書物、宝石、彫像、シンボル、贈り物、衣服、あるいはかつて闇の勢力に捧げられていた家宝でさえも呪われている。あなたの棚、手首、壁にあるものこそが、あなたの人生における苦悩の入り口となるかもしれない。

地球規模の観測

- **アフリカ**：呪術師や祖先崇拝に結び付けられたひょうたん、お守り、ブレスレット。
- **アジア**：お守り、十二支像、寺院のお土産。
- **ラテンアメリカ**：サンテリアのネックレス、人形、精霊の刻印が入ったキャンドル。
- **北米**：タロットカード、ウィジャボード、ドリームキャッチャー、ホラー記念品。
- **ヨーロッパ**：異教の遺物、オカルト本、魔女をテーマにしたアクセサリー。

ヨーロッパに住むある夫婦は、バリ島での休暇から帰国後、突然の体調不良と精神的な圧迫感に襲われました。地元の海の神に捧げられた彫刻像を買っていたことに気づかず、祈りと洞察の後、その像を運び出し、燃やしました。するとすぐに平穏が戻りました。

*グレーター・エクスプロイツの証言に*登場した別の女性は、説明のつかない悪夢を見たと報告していたが、彼女の叔母から贈られたネックレスが実は神社に奉納された霊的監視装置であったことが明らかになった。

家を物理的に掃除するだけではなく、精神的にも掃除しなければなりません。

証言：「私を見守っていた人形」

南米出身のルルド・バルディビアさん（以前、その物語を取り上げました）は、家族のお祝いの席で磁器の人形をもらいました。彼女の母親は、オカルト的な儀式でそれを奉納していました。人形が部屋に持ち込まれた夜から、ルルドさんは声が聞こえ、金縛りにかかり、夜に人影が見えるようになったのです。

クリスチャンの友人が一緒に祈り、聖霊が人形の由来を明かしてくれた時、彼女はようやく人形を処分することができました。するとたちまち、悪魔の存在は消え去りました。これが彼女の目覚めの始まりでした。抑圧から解放へと。

アクションプラン - 家と心の監査

1. 聖油と御言葉を持って、家の**あらゆる部屋を歩き回ってください。**
2. 神から出たものではない物や賜物を強調するよう**聖霊に求めてください。**

3. オカルト、偶像崇拝、不道徳に関係する品物**を燃やしたり捨てたりしてください。**
4. 次のような聖句で**すべてのドアを閉めてください。**
    - *申命記7:26*
    - *使徒行伝19:19*
    - *コリント人への第二の手紙6:16-18*

グループディスカッションとアクティベーション

- かつて所有していたもので、あなたの人生に特別な影響を与えたアイテムや贈り物があれば共有してください。
- 一緒に「家の掃除チェックリスト」を作りましょう。
- パートナーに、お互いの家庭環境について祈るよう割り当てます（許可を得た上で）。
- 地元の解放牧師を招いて預言的な家庭清めの祈りを導いてもらいます。

奉仕のための道具:聖油、礼拝用の音楽、ゴミ袋（実際に廃棄するため）、破壊する物を保管するための耐火容器。

重要な洞察

あなたの空間に何を許可するかによって、あなたの人生に霊が宿るようになります。

反省日記

- 私の家やクローゼットの中に、霊的な起源がはっきりしない品物はありますか。
- 感傷的な価値のために何かを手放さなければならないのでしょうか?
- 私は聖霊のために自分の空間を神聖なものとする準備ができているでしょうか。

浄化の祈り

主イエス様、聖霊をお招きし、私の家の中にある、あなたに属さないものをすべて明らかにしてくださいますようお祈りいたします。闇に縛られた呪われた物、贈り物、品物をすべて放棄します。私の家を聖地と宣言します。あなたの平安と清らかさがここに宿りますように。イエス様の御名によって。アーメン。

5日目：魅了され、騙される —
占いの精神から解放される

「この人たちは、いと高き神の僕であり、私たちに救いの道を宣べ伝えているのです。」*—使徒行伝 16:17 (NKJV)*
「しかしパウロはひどく憤慨し、振り返ってその霊に言った。『イエス・キリストの名によって命じる。彼女から出て行け。』すると、その霊はすぐに出て行った。」*—使徒行伝 16:18*

予言と占いの間には微妙な境界線があり、今日では多くの人が知らないうちにその境界線を越えています。

YouTubeで「個人的な言葉」を有料で提供する預言者から、ソーシャルメディアで聖典を引用するタロット占い師まで、世界は霊的な雑音の市場と化しています。そして悲しいことに、多くの信者が知らず知らずのうちに汚染された水源から水を飲んでいるのです。

占いの霊は聖霊を模倣します。それは犠牲者を魅了し、誘惑し、感情を操り、支配の網に捕らえます。その目的は？**霊的に絡め取り、欺き、奴隷にすることです。**

世界的な占いの表現

- **アフリカ**- 神託、イファの司祭、水の霊媒、予言詐欺。
- **アジア**- 手相占い師、占星術師、先祖の予言者、生まれ変わりの「預言者」。
- **ラテンアメリカ**- サンテリアの預言者、お守りを作る人、闇の力を持つ聖人。
- **ヨーロッパ**- タロットカード、透視、霊能者サークル、ニューエイジチャネリング。
- **北米**- 「キリスト教」の霊能者、教会の数秘術、エンジェルカード、聖霊を装った霊的指導者。

危険なのは、彼らが言うことだけではなく、その背後にある**精神です**。

証言：千里眼からキリストへ

あるアメリカ人女性がYouTubeで、「クリスチャンの預言者」から、自分が占いの霊に支配されていることに気づいた経緯を証言しました。彼女は明確なビジョンを見るようになり、詳細な預言の言葉を語り、オンラインで多くの聴衆を集めました。しかし同時に、うつ病や悪夢にも悩まされ、毎回のセッション後にはささやくような声が聞こえるようになりました。

*使徒行伝16章*の教えを見ていた時、彼女は目から鱗が落ちました。自分が聖霊に一度も従ったことがなく、ただ聖霊の賜物にのみ従っていたことに気づきました。深い悔い改めと解放の後、彼女は天使のカードと儀式でいっぱいの断食日記を破棄しました。今では、彼女はもはや「言葉」ではなく、イエスを宣べ伝えています。

行動計画 - 霊を試す

1. 質問：この言葉/贈り物は私を**キリストに引き寄せるのでしょうか**、それともそれを与える**人に引き寄せるのでしょうか。**
2. *ヨハネ第一4章1～3節*を使ってすべての霊を試しなさい。
3. 心霊術、オカルト、または偽りの予言の実践に関わったことを悔い改めなさい。
4. 偽預言者、占い師、魔術の指導者との魂のつながりをすべて断ち切ります（オンラインであっても）。
5. 大胆に宣言します。

「私はあらゆる偽りの霊を拒絶します。私はイエス様だけに属します。私は主の声に耳を傾けています！」

グループ申請

- 話し合い：後になって間違っていたと判明した預言者や霊的指導者に従ったことはありますか？
- グループ演習：メンバーが占星術、魂の読み取り、超能力ゲーム、キリストに根ざしていない霊的影響力を持つ者などの特定の習慣を放棄するように導きます。
- 聖霊を招く：10分間、静かに耳を傾けましょう。そして、神が啓示されたことがあれば、それを分かち合いましょう。
- 書籍、アプリ、ビデオ、メモなど、占いに関連するデジタル/物理的なアイテムを焼くか削除します。

奉仕の道具:
解放の油、十字架（服従の象徴)、象徴的なアイテムを捨てるための箱/バケツ、聖霊を中心とした礼拝の音楽。

重要な洞察

超自然現象はすべて神から来るわけではありません。真の預言は、操作や見せかけではなく、キリストとの親密さから生まれます。

反省日記

- 私は超能力や心理操作的な精神修養に惹かれたことがありますか?

- 私は神の言葉よりも「言葉」に依存しているのでしょうか？
- いまや沈黙させられるべきどんな声に私がアクセスを与えてしまったのだろうか？

救済の祈り

父なる神よ、私は占い、操作、偽りの預言といったあらゆる霊に同調することをやめます。あなたの御声を離れて導きを求めたことを悔い改めます。私の心と魂、そして霊を清めてください。あなたの御霊のみによって歩むことを教えてください。知らず知らずのうちに、オカルトへと開いてしまった扉をすべて閉じます。イエスは私の羊飼いであり、私は主の声だけを聞くと宣言します。イエスの力強い御名によって、アーメン。

6日目：目の門 – 闇の門を閉ざす

「目は体のともし火である。もしあなたの目が健全であれば、あなたの全身は明るいであろう。」
–マタイによる福音書 6:22 (NIV)
「わたしは、わたしの目の前に悪しきものを置かない…」*–詩篇 101:3 (KJV)*

霊的な領域において、**あなたの目は門です。**目から入ってくるものは、あなたの魂に影響を与えます。清浄か汚染か。敵はそれを知っています。だからこそ、メディア、画像、ポルノ、ホラー映画、オカルトのシンボル、ファッショントレンド、そして誘惑的なコンテンツが戦場となっているのです。

あなたの注意を引くための戦いは、あなたの魂を引くための戦いです。

多くの人が「無害な娯楽」と考えるものは、多くの場合、欲望、恐怖、操作、自尊心、虚栄心、反抗、さらには悪魔的な執着への暗黙の誘いです。

視覚的暗闇の世界への入り口

- **アフリカ**- 儀式映画、魔術と一夫多妻制を標準化したノリウッドのテーマ。
- **アジア**- スピリチュアルなポータル、魅惑的な霊、アストラル旅行を扱ったアニメやマンガ。

- **ヨーロッパ**- ゴシックファッション、ホラー映画、吸血鬼への執着、悪魔的な芸術。
- **ラテンアメリカ**- 魔術、呪い、復讐を美化するテレノベラ。
- **北米**- 主流メディア、ミュージックビデオ、ポルノ、「かわいい」悪魔の漫画。

じっと見つめ続けると、鈍感になっていきます。

物語：「私の子供を呪った漫画」

アメリカのある母親は、5歳の息子が夜中に泣き叫び、不穏な絵を描くようになったことに気づきました。祈りの後、聖霊は彼女に、息子がこっそり見ていた漫画を教えてくれまし ― そこには、母親が気づいていなかった呪文や喋る霊、シンボルが満載でした。

彼女は番組を削除し、家とスクリーンに聖水を塗りました。数晩、真夜中の祈りと詩篇91篇を唱え続けた結果、発作は止まり、息子は安らかに眠りにつくようになりました。彼女は現在、子どもの視覚の扉を守る親を支援する支援グループを率いています。

行動計画 - 目の門を浄化する

1. **メディア監査**を実施してください: 何を見ていますか? 何を読んでいますか? スクロールしていますか?
2. 信仰ではなく肉体を養うサブスクリプションやプラットフォームをキャンセルしてください。
3. 詩篇 101 章 3 節を宣言して、あなたの目と幕に油を注ぎなさい。

4. ゴミを、ドキュメンタリー、崇拝、純粋な娯楽など、神聖なものに置き換えましょう。
5. 宣言する：

「私は自分の目の前に卑しいものを置かない。私の視線は神のものだ。」

グループ申請

- チャレンジ: 7 日間のアイ ゲート ファスト – 有害なメディアはなし、無駄なスクロールはなし。
- シェア: 聖霊はあなたにどんなコンテンツの視聴をやめるように告げましたか?
- 練習: 目に手を置き、視覚によるあらゆる汚れ（ポルノ、恐怖、虚栄心など）を放棄します。
- アクティビティ: メンバーに、視力を損なうアプリを削除したり、本を燃やしたり、アイテムを捨てたりするよう勧めます。

ツール:オリーブオイル、説明責任アプリ、聖書のスクリーンセーバー、アイゲート祈祷カード。

重要な洞察

悪魔に楽しまれていれば、悪魔の上に権威を持って歩くことはできません。

反省日記

- 私の人生に闇をもたらしているかもしれない目に、私は何を与えればいいのでしょうか？

- 神の心を傷つけるものについて私が最後に泣いたのはいつだったでしょうか。
- 私は聖霊にスクリーンタイムの完全な制御を委ねているだろうか？

清浄の祈り

主イエスよ、あなたの血によって私の目を洗い清めてください。画面、書物、そして想像を通して私が受け入れてきたものを赦してください。今日、私の目は闇ではなく光を求めていると宣言します。あなたからではないあらゆるイメージ、欲望、そして影響力を拒絶します。私の魂を清め、私の視線を守ってください。そして、あなたが見るものを、聖性と真実のうちに私にも見せてください。アーメン。

7日目：名前の背後にある力 ― 不浄なアイデンティティを放棄する

「ヤベツはイスラエルの神に祈って言った。『どうか私を祝福してくださいますように…』神は彼の願いを聞き入れられた。」
–*歴代誌上4:10*
「あなたはもはやアブラムではなく、アブラハムと呼ばれる…」–*創世記17:5*

名前は単なるラベルではなく、霊的な宣言です。聖典では、名前はしばしば運命、人格、あるいは束縛を反映するとされています。何かに名前を付けるということは、それにアイデンティティと方向性を与えることです。敵はこれを理解しています。だからこそ、多くの人が無知、苦痛、あるいは霊的な束縛の中で与えられた名前に、知らず知らずのうちに囚われているのです。

神が名前を変えたように（アブラムをアブラハムに、ヤコブをイスラエルに、サライをサラに）、神は今も民の名前を変えることによって運命を変えています。

名前による束縛の世界的な文脈

- **アフリカ- 亡くなった先祖や偶像にちなんで名付けられた子供**（意味に結びついた「オグバンジェ」、「ディケ」、「イフナヤ」）。

- **アジア**- カルマのサイクルや神に結びついた輪廻の名前。
- **ヨーロッパ**- 異教や魔術の伝統に根ざした名前（例: Freya、Thor、Merlin）。
- **ラテンアメリカ**- 特に精神的な洗礼を通じてサンテリアの影響を受けた名前。
- **北米**- ポップカルチャー、反乱運動、または先祖の献身から取られた名前。

名前は重要であり、力、祝福、または束縛をもたらすことがあります。

ストーリー：「娘の名前を変えなければならなかった理由」

*グレーター・エクスプロイツ 14*では、ナイジェリア人夫婦が娘に「美しい」という意味の「アマカ」と名付けました。しかし、娘は医師たちを困惑させるほどの珍しい病気にかかっていました。預言者との会見で、母親は啓示を受けました。その名前はかつて呪術師だった祖母が使っていたもので、今、その霊が娘を支配しているというのです。

彼らは彼女の名前を「オルワタミロレ」（神は私を祝福してくださいました）と改め、断食と祈りを続けました。そして、その子は完全に回復しました。

インドの別の事例では、「カルマ」という名の男性が、世代を超えた呪いに苦しんでいました。ヒンドゥー教との繋がりを断ち切り、「ジョナサン」と改名した後、彼は経済的にも健康的にも劇的な変化を経験し始めました。

行動計画 - あなたの名前を調べる

1. 自分の名前の完全な意味（名、ミドルネーム、姓）を調べましょう。
2. なぜその名前が付けられたのか、両親や年長者に尋ねてみましょう。
3. 祈りの中で否定的な精神的な意味や献身を放棄します。
4. キリストにおけるあなたの神聖なアイデンティティを宣言してください。

「私は神の名によって呼ばれています。私の新しい名は天に記されています。（黙示録2:17）」

グループエンゲージメント

- メンバーに質問します。「あなたの名前にはどんな意味がありますか？名前に関する夢を見たことがありますか？」
- 「命名祈願」を行い、各人のアイデンティティを預言的に宣言します。
- 聖約や先祖の束縛に縛られた名前から抜け出す必要のある人々に手を置いてください。

ツール:名前の意味を示すカードを印刷し、聖油を持参し、名前の変更に関する聖典を使用します。

重要な洞察

偽りのアイデンティティに従いながら、本当のアイデンティティを貫くことはできません。

反省日記

- 私の名前は精神的および文化的にどのような意味を持つのでしょうか?
- 私は自分の名前に共感を感じますか、それとも矛盾を感じますか?
- 天国は私を何と呼んでいるのでしょうか？

改名の祈り

父なる神よ、イエスの御名によって、キリストにおける新しいアイデンティティを与えてくださったことに感謝します。私の名前に結びついたあらゆる呪い、契約、悪魔の絆を断ち切ります。あなたの御心に沿わないあらゆる名前を捨て去ります。天が私に与えてくださった名前とアイデンティティ、力と目的と純粋さに満ちた名前とアイデンティティを受け入れます。イエスの御名によって、アーメン。

8日目：偽りの光を暴く ― ニューエイジの罠と天使の欺瞞

「それも当然です！サタン自身が光の天使に変装するのです。」 –コリント人への手紙二 11:14
「愛する者たちよ、すべての霊を信じないで、霊が神から出たものかどうかを見分けなさい。」 –ヨハネの手紙一 4:1

光るものすべてが神というわけではない。

今日の世界では、神の言葉の外側に「光」「癒し」「エネルギー」を求める人が増えています。瞑想、ヨガの祭壇、第三の目活性化、先祖召喚、タロット占い、月の儀式、天使とのチャネリング、さらにはキリスト教風の神秘主義にまで手を伸ばします。こうした欺瞞は、最初はしばしば平安、美しさ、そして力を伴うため、強力です。

しかし、これらの運動の背後には、占いの霊、偽りの予言者、そして光の仮面をかぶって人々の魂に合法的にアクセスしようとする古代の神々がいます。

偽りの光の世界的な広がり

- **北米**- クリスタル、セージの浄化、引き寄せの法則、超能力、エイリアンの光のコード。
- **ヨーロッパ**- 再ブランド化された異教、女神崇拝、白魔術、精神的な祭り。

- **ラテンアメリカ**- サンテリアはカトリックの聖人、心霊術師（キュランデロ）と融合しました。
- **アフリカ**- 天使の祭壇と儀式用の水を使った偽の預言。
- **アジア**- チャクラ、ヨガの「悟り」、輪廻転生カウンセリング、寺院の精霊。

こうした習慣は一時的には「光」を与えるかもしれませんが、時間が経つにつれて魂を暗くします。

証言：欺く光からの解放

*グレーター・エクスプロイツ14*以来、マーシー（英国）は天使のワークショップに参加し、お香、クリスタル、エンジェルカードを使った「キリスト教的」瞑想を実践していました。彼女は神の光に触れていると信じていましたが、やがて睡眠中に声が聞こえ、夜に説明のつかない恐怖を感じるようになりました。

彼女の解放は、誰かが彼女に*「ジェームズ・エクスチェンジ」を贈ったことから始まりました*。彼女は、天使の欺瞞について語った元悪魔崇拝者の体験と、自身の体験との類似点に気づきました。彼女は悔い改め、オカルト的な物品をすべて破壊し、解放の祈りに完全に身を委ねました。

現在、彼女は教会におけるニューエイジの欺瞞に対して大胆に証言し、他の人々が同様の道を断念するのを助けています。

行動計画 - 霊を試す

1. **あなたの習慣と信念を点検してください。**それらは聖書と一致していますか、それとも単にスピリチュアルに感じるだけですか?
2. クリスタル、ヨガのマニュアル、エンジェルカード、ドリームキャッチャーなど、偽りの光をもたらすものはすべて**放棄し、破壊してください。**
3. **詩篇 119 章 105 節を祈り**、神の言葉があなたの唯一の光となるように求めてください。
4. **混乱に戦いを挑み**、使い魔と偽りの啓示を縛りましょう。

グループ申請

- **話し合う**: あなたやあなたの知り合いは、イエスを中心としたものではない「スピリチュアルな」実践に引き込まれたことがありますか?
- **ロールプレイによる識別**:「スピリチュアルな」格言(例:「宇宙を信頼する」)の抜粋を読み、それを聖書と比較します。
- **聖別と解放のセッション: 偽りの光の祭壇を破壊し、***世の光*との契約に置き換えます(ヨハネ 8:12)。

ミニストリーツール:

- 実際のニューエイジのアイテム（またはそれらの写真）を、物品指導のために持参してください。
- 悪霊に対する解放の祈りを捧げる（使徒行伝16：16－18参照）。

重要な洞察

サタンの最も危険な武器は闇ではなく、偽りの光です。

反省日記

- 聖書に基づかない「軽い」教えを通して霊的な扉を開いてしまったことがあるだろうか。
- 私は聖霊を信頼しているのか、それとも直感とエネルギーを信頼しているのか？
- 私は神の真理のために、あらゆる形の偽りの霊性を放棄するつもりでしょうか？

放棄の祈り

父なる神よ、私は偽りの光に接し、関わってきたあらゆることを悔い改めます。あらゆるニューエイジ、魔術、そして欺瞞的な霊性を放棄します。天使のような偽者、霊的な導き手、そして偽りの啓示との魂の繋がりをすべて断ち切ります。世界の真の光であるイエスを受け入れます。あなたの声以外には従わないことを宣言します。イエスの御名によって。アーメン。

9日目：血の祭壇 – 命を要求する契約

「彼らはバアルの高き所を築き…その息子や娘をモレクの火の中を通らせるために…」 –エレミヤ書32章35節
「そして彼らは小羊の血と彼らの証しの言葉によって彼に打ち勝った…」 –黙示録12章11節

あなたの注意を求めるだけでなく、あなたの血を要求する祭壇があります。

古代から現代に至るまで、血の契約は闇の王国の中心的な慣習となってきました。魔術、中絶、儀式的な殺害、あるいはオカルトの入会儀式を通して、意識的に結ばれるものもあれば、祖先の慣習を通して受け継がれたもの、あるいは霊的な無知によって無意識のうちに結ばれるものもあります。

どこであれ、罪のない血が流されるとしても、神殿であろうと、寝室であろうと、会議室であろうと、悪魔の祭壇が語りかけます。
これらの祭壇は、命を奪い、運命を断ち切り、悪魔の苦しみの法的根拠を作り出します。

世界的な血の祭壇

- **アフリカ**- 儀式的な殺人、金銭の儀式、子供の犠牲、誕生時の血の契約。
- **アジア**- 寺院での血の供え物、中絶や戦争の誓いによる家族の呪い。

- **ラテンアメリカ**- サンテリアの動物の犠牲、死者の霊への血の供物。
- **北米**- 中絶を聖餐とする思想、悪魔の血の誓いの友愛団体。
- **ヨーロッパ**- 古代ドルイド教とフリーメイソンの儀式、第一次世界大戦時代の流血の祭壇は未だに悔い改められていない。

これらの契約は、破られない限り、しばしば繰り返し、人命を奪い続けることになる。

実話：父親の犠牲

*『闇の力からの解放』*では、中央アフリカ出身の女性が、解放セッション中に、度重なる死の淵に立たされた経験が、父親が交わした血の誓いと関係していることに気づきます。父親は、長年の不妊治療の後、財産と引き換えに命を与えると約束していたのです。
父親の死後、彼女は毎年誕生日になると影が見えたり、命に関わる事故に遭ったりするようになりました。詩篇118篇17節*「私は死なず、生きる…」*を毎日自分に唱え、その後、放棄の祈りと断食を繰り返すようになったことが、彼女の転機となりました。現在、彼女は力強い執り成しの働きを率いています。
*『グレーター・エクスプロイツ14』*に収録されている別の記述では、ラテンアメリカのある男性が、流血を伴うギャングの入会儀式に参加した様子が描かれています。数年後、キリストを受け入れた後も、彼の人生は絶えず混乱に陥っていました。しかし、長い断食、公の告解、そして水のバプテスマによって血の契約を破ったことで、苦痛は止まりました。

行動計画 - 血の祭壇を沈黙させる

1. 中絶、隠された血の契約、あるいは受け継がれた流血などについて**悔い改めなさい。**
2. 既知および未知の血の契約すべてを、名前を挙げて声に出して**放棄します。**
3. **3日間断食し**、毎日聖餐を受け、イエスの血があなたの法的覆いであると宣言します。
4. **声に出して宣言する**：

「イエスの血によって、私は私のために結ばれたすべての血の契約を破ります。私は贖われました！」

グループ申請

- 自然な血のつながりと悪魔の血の契約の違いについて話し合います。
- 血の祭壇を表すために赤いリボン/糸を使用し、それを預言的に切るためにハサミを使用します。
- 血のつながりによる束縛から解放された人から証を聞きましょう。

ミニストリーツール:

- 聖餐の要素
- 聖油
- 救出宣言
- 可能であれば、ろうそくの光で祭壇を破るビジュアル

重要な洞察

サタンは血を売り物にしている。イエスはあなたの自由のために、御自身の血を惜しみなく支払った。

反省日記

- 私または私の家族は流血や誓いを伴う何かに参加したことがありますか?
- 私の血統には、死や流産、暴力的な傾向が繰り返し見られますか?
- イエスの血が私の人生に大声で語りかけることを私は完全に信じてきただろうか？

救済の祈り

主イエス様、アベルの血よりも優れたことを語るあなたの尊い血に感謝します。私や私の先祖が、故意であろうと無意識であろうと、交わした血の契約を悔い改めます。今、それらを放棄します。私は小羊の血によって覆われていると宣言します。私の命を要求するあらゆる悪魔の祭壇が沈黙し、砕かれますように。あなたが私のために死んでくださったおかげで、私は生きています。イエス様の御名によって、アーメン。

10日目：不妊と破綻 ― 子宮が戦場となるとき

「あなたの国には流産する者も不妊の者もいない。わたしはあなたの日数を満たす。」 – 出エジプト記 23:26
「主は子のない女に家族を与え、彼女を幸せな母とされる。主をほめたたえよ！」 – 詩篇 113:9

不妊症は単なる医学的な問題ではありません。それは、深い感情、祖先、さらには領土をめぐる争いに根ざした、精神的な砦となることもあります。

国々において、不妊は敵対勢力によって、女性と家族を辱め、孤立させ、破壊するために利用されています。原因の中には生理的なものもある一方で、多くは深く霊的なものであり、世代を超えた祭壇、呪い、霊の配偶者、堕胎された運命、あるいは魂の傷に結びついています。

子を産めない子宮の裏には、天国の約束がある。しかし、受胎前には、子宮と霊の中で、戦いを繰り広げなければならないことがしばしばある。

不毛の世界的なパターン

- **アフリカ**- 一夫多妻制、先祖の呪い、神社の契約、霊の子供たちと関連があります。
- **アジア**- カルマ信仰、前世の誓い、世代間の呪い、恥の文化。
- **ラテンアメリカ**- 魔術による子宮閉鎖、嫉妬の呪文。

- **ヨーロッパ**- 体外受精への過度の依存、フリーメイソンによる子供の犠牲、中絶の罪悪感。
- **北米**- 精神的トラウマ、心の傷、流産周期、ホルモンを変化させる薬。

実話 ― 涙から証言へ
ボリビア（ラテンアメリカ）出身のマリア

マリアは5回の流産を経験しました。そのたびに、泣いている赤ちゃんを抱く夢を見て、翌朝に血を見るという夢を見ました。医師たちは彼女の状態を説明できませんでした。 *『Greater Exploits』に掲載された証言を読ん*で、マリアは、すべての女性の子宮を地元の神に捧げていた祖母から、不妊治療の祭壇を受け継いでいたことに気づきました。
彼女は14日間断食し、詩篇113篇を唱えました。牧師の導きで聖餐を通して聖約を破り、9ヶ月後に双子を出産しました。

ナイジェリア（アフリカ）出身のンゴジさん。
ンゴジさんは結婚10年になりますが、子供に恵まれませんでした。解放の祈りを捧げているうちに、霊界で海兵隊員の夫と結婚していたことが明らかになりました。排卵期になると、性的な夢を見るようになりました。真夜中に何度も戦いの祈りを捧げ、過去の秘儀参入儀式で得た結婚指輪を燃やすという予言的な行為を行った後、子宮が開きました。

行動計画 - 子宮を開く

1. **原因を特定します**（先祖、感情、結婚、または医学的）。

2. **過去の中絶**、魂のつながり、性的罪、オカルトへの献身を悔い改めなさい。
3. 出エジプト記 23:26 と詩篇 113 を宣言しながら、**毎日子宮に油を注ぎましょう。**
4. **3日間断食し**、毎日聖体拝領を受け、子宮に結び付けられたすべての祭壇を拒否します。
5. **声に出して話す**：

私の子宮は祝福されています。不妊のあらゆる契約を拒絶します。聖霊の力によって、私は妊娠し、満期まで育てます！

グループ申請

- 安全で祈りの場に女性（およびカップル）を招き、遅延による重荷を分かち合ってもらいます。
- 赤いスカーフや布を腰の周りに巻き付け、自由の象徴として預言的に解きます。
- 預言的な「命名」の儀式を主導し、信仰によってまだ生まれていない子供たちを宣言します。
- 祈りの輪の中で言葉の呪い、文化的な恥、自己嫌悪を打ち破りましょう。

ミニストリーツール:

- オリーブオイル（子宮に塗る）
- 聖体拝領
- マント/ショール（覆いと新しさを象徴）

重要な洞察

不毛は終わりではない。それは戦い、信仰、そして回復への呼びかけなのだ。神の遅延は否定ではない。

反省日記

- 私の子宮に関係する感情的または精神的な傷は何でしょうか?
- 私は自分の希望を恥や苦しみに置き換えてしまっただろうか。
- 私は信念と行動をもって根本原因に立ち向かうつもりですか?

癒しと受胎の祈り

父なる神よ、この地に不妊の子は一人も出ないというあなたの御言葉に、私は立ちます。私の子宝を阻むあらゆる嘘、祭壇、そして霊を拒絶します。私自身と、私の体に悪口を言った人々を赦します。癒しと回復、そして命を受け取ります。私の子宮は子宝に満ち、私の喜びは満ちていると宣言します。イエス・キリストの御名によって。アーメン。

11日目：自己免疫疾患と慢性疲労 — 目に見えない内なる戦い

「内部で分裂した家は立ち行かない。」 –マタイ12:25

「神は弱い者に力を与え、力のない者に強さを増し加えられる。」 –イザヤ40:29

自己免疫疾患とは、体が自らの細胞を敵と誤認し、自分自身を攻撃してしまう疾患です。狼瘡、関節リウマチ、多発性硬化症、橋本病などがこのグループに該当します。

慢性疲労症候群（CFS）、線維筋痛症、その他原因不明の疲労障害は、自己免疫疾患と重なることがよくあります。しかし、生物学的な問題だけでなく、多くの患者は精神的なトラウマ、魂の傷、そして精神的な重荷を抱えています。

体は悲鳴を上げている。薬を求めるだけでなく、平穏をも求めている。多くの人は内なる葛藤を抱えている。

グローバル・グリンプス

- **アフリカ**- 外傷、汚染、ストレスに関連する自己免疫疾患の診断が増加しています。
- **アジア**- 甲状腺疾患の発生率の高さは、先祖伝来の抑圧と恥の文化に関連しています。
- **ヨーロッパとアメリカ**- 成果重視の文化による慢性疲労と燃え尽き症候群の蔓延。

- **ラテンアメリカ**- 患者は誤診されることが多く、魂の断片化や呪いによる汚名や精神的攻撃を受けます。

隠された精神的なルーツ

- **自己嫌悪や恥–** 「自分は十分ではない」と感じること。
- **自分自身や他人に対する許しのなさ–** 免疫システムは精神状態を模倣します。
- **処理されていない悲しみや裏切りは**、魂の疲労や肉体の衰弱につながります。
- **魔術の呪いや嫉妬の矢–** 精神的および肉体的な力を奪うために使用されます。

真実の物語 — 暗闇の中で戦われた戦い

スペイン出身のエレナは

、長年の虐待的な関係で精神的に打ちのめされた後、狼瘡と診断されました。セラピーと祈りを通して、彼女は憎しみを内面化し、自分に価値がないと信じていたことが明らかになりました。自分を許し、聖書の言葉を通して心の傷と向き合うようになってから、症状の悪化は劇的に軽減しました。彼女は、御言葉の癒しの力と魂の浄化を証ししています。

アメリカのジェームズ

意欲的な企業幹部だったジェームズは、20年間の絶え間ないストレスの末、慢性疲労症候群（CFS）で倒れました。解放の過程で、休むことなく努力を続けるという代々受け継がれてきた呪いが、彼の家族の男性たちを苦しめていたことが明らかになりました。彼は安息日、祈り、そして告白の季節に入り、健康だけでなく、アイデンティティの回復も見出しました。

行動計画 - 魂と免疫システムの癒し

1. 毎朝、**詩篇103篇1節から5節までを声に出して祈ってください。特に3節から5節を祈ってください。**
2. **自分の心の中にある信念を書き出してみましょう**。自分自身に何と言っていますか？嘘をつきましょう。
3. **深く許してください**。特に自分自身を。
4. 肉体の契約をリセットするために**聖餐を受けましょう。イザヤ書 53 章を参照してください。**
5. **神に安息する**– 安息日は選択的なものではなく、燃え尽き症候群に対する霊的な戦いなのです。

私の体は敵ではないと宣言します。私の体の一つ一つの細胞が神の秩序と平和と調和します。神の力と癒しを受け取ります。

グループ申請

- メンバーに、隠れている疲労パターンや精神的な疲れを共有してもらいます。
- 「魂を吐き出す」エクササイズをしましょう。つまり、心の重荷を書き出して、象徴的に燃やしたり埋めたりすることです。
- 自己免疫症状に苦しんでいる人々に手を差し伸べ、バランスと平和を司ります。
- 感情のきっかけや癒しの聖書の言葉を 7 日間日記につけるように勧めます。

ミニストリーツール:

- リフレッシュのためのエッセンシャルオイルまたは香りの良い塗油
- 日記やメモ帳
- 詩篇23篇の瞑想サウンドトラック

重要な洞察
魂を攻撃するものは、しばしば身体に現れます。治癒は内側から外側へと流れ出なければなりません。

反省日記

- 自分の体と思考に安全を感じていますか？
- 私は過去の失敗やトラウマから、恥や非難の気持ちを抱いているだろうか？
- 休息と平和を精神的な実践として尊重し始めるにはどうすればよいでしょうか?

回復の祈り
主イエスよ、あなたは私の癒し主です。今日、私は自分が壊れている、汚れている、あるいは破滅する運命にあるというあらゆる嘘を拒絶します。私は自分自身と他者を許します。私の体のすべての細胞を祝福します。魂に平安を、免疫システムに調和を与えます。あなたの傷によって、私は癒されます。アーメン。

12日目：てんかんと精神的苦痛 — 心が戦場となるとき

「主よ、私の息子をあわれんでください。彼は気が狂ってひどく苦しんでいるのです。何度も火の中に落ち、何度も水の中に落ちているのです。」 – マタイ17:15

「神は私たちに恐れの霊ではなく、力と愛と慎み深さの霊を与えてくださいました。」 – テモテへの手紙二1:7

いくつかの苦しみは単なる医学的なものではなく、病気に偽装された霊的な戦場です。

てんかん、発作、統合失調症、双極性障害、そして精神の苦痛のパターンは、しばしば目に見えない根源を持っています。薬物療法は確かに有効ですが、識別力が不可欠です。聖書の多くの記述では、発作や精神攻撃は悪魔の抑圧の結果であるとされています。

現代社会は、イエスがしばしば*拒絶したものを薬として利用している。*

グローバルな現実

- **アフリカ**- 発作は呪いや祖先の霊によるものとされることが多い。
- **アジア**- てんかん患者は恥や精神的な偏見のために隠されることが多い。
- **ラテンアメリカ**- 統合失調症は、世代を超えた魔術や中断された使命に関連しています。
- **ヨーロッパと北米**- 過剰診断と過剰投薬により、悪魔的な根本原因が隠れてしまうことがよくあります。

実話 - 火事からの救出

ナイジェリア北部出身のムサさん

ムーサは幼少期からてんかん発作に悩まされていました。家族は地元の医者から教会の祈りまで、あらゆる方法を試しました。ある日、解放の儀式の最中に、聖霊がムーサの祖父が魔術の交換条件として彼を差し出したことを明らかにしました。契約を破り、彼に油を注いでから、彼は二度と発作を起こしませんでした。

ペルー出身のダニエル

双極性障害と診断されたダニエルは、暴力的な夢や幻聴に悩まされていました。後に彼は、父親が山奥で秘密裏に悪魔崇拝の儀式に関わっていたことを知りました。解放の祈りと3日間の断食によって、意識が明晰になり、幻聴は止まりました。現在、ダニエルは落ち着きを取り戻し、回復し、宣教に向けて準備を進めています。

注意すべき兆候

- 神経学的原因が不明な発作の繰り返し。
- 声、幻覚、暴力または自殺願望。
- 祈りの最中に時間や記憶の喪失、説明できない恐怖、または身体的なけいれんが起こる。
- 精神異常や自殺の家族的パターン。

行動計画 - 心をコントロールする

1. **知られているすべてのオカルト的なつながり、トラウマ、呪いを悔い改めなさい。**
2. **毎日頭に手を置いて、健全な心を宣言しなさい（テモテへの第二の手紙 1:7）。**
3. **断食して、心を縛る霊に対して祈りなさい。**
4. **先祖の誓いや献身、血統の呪いを破る。**
5. **可能であれば、力強い祈りのパートナーや救出チームに加わってください。**

あらゆる苦痛、発作、混乱の霊を拒絶します。イエスの御名によって、健全な精神と安定した感情を授かります。

グループミニストリー&アプリケーション

- 精神疾患や発作の家族的パターンを特定します。
- 苦しんでいる人々のために祈りましょう。額に聖油を塗ってください。
- 執り成しの人々に部屋の中を歩き回ってもらい、「静まれ、静まれ！」と宣言してもらいます。（マルコ4:39）
- 影響を受けた人々に、口約束を破るよう促しましょう。「私は正気ではありません。私は癒され、完全に回復しました。」

ミニストリーツール:

- 聖油
- 癒しの宣言カード
- 平和とアイデンティティを伝える礼拝音楽

重要な洞察

すべての苦しみが肉体的なものではありません。中には、古代の契約や悪魔の法的根拠に根ざしたものもあり、霊的な対処が必要です。

反省日記

- 考えたり眠ったりしているときに苦しんだことはありますか?
- 癒されていないトラウマや閉じなければならない精神的な扉はありますか?
- 私の心を神の言葉に固定するために、毎日どんな真理を宣言できるでしょうか?

健全さの祈り

主イエス様、あなたは私の心を回復する方です。私の脳、感情、そして明晰さを攻撃するあらゆる契約、トラウマ、そして悪霊を放棄します。癒しと健全な精神を受け取ります。私は死ぬことなく生きることを誓います。イエス様の御名によって、私は力強く生きていきます。アーメン。

13日目：恐怖の精神 — 目に見えない苦しみの檻を破る

「神は私たちに臆病の霊ではなく、力と愛と慎みとの霊を与えてくださったのです。」 – テモテへの手紙二 1:7
「恐れは苦しみを伴う…」 – ヨハネの手紙一 4:18

恐怖は単なる感情ではなく、*精神にもなり得ます。*
始める前に失敗を告げ、拒絶感を増幅させ、目的を阻害し、国家を麻痺させます。
多くの人は、死、失敗、貧困、人々、病気、霊的な戦い、未知への恐怖など、恐怖によって作られた目に見えない牢獄の中にいます。
運命を中和するために与えられた精神的な使命が存在します。

世界的な兆候

- **アフリカ**- 世代を超えた呪い、先祖の報復、または魔術の反発に根ざした恐怖。
- **アジア**- 文化的な恥、カルマの恐怖、輪廻転生の不安。
- **ラテンアメリカ**- 呪い、村の伝説、霊的な報復に対する恐怖。
- **ヨーロッパと北米**- 隠れた不安、診断された障害、対立、成功、拒絶に対する恐怖 – 多くの場合は精神的なものですが、心理的なものとして分類されます。

実話 — 霊の正体を暴く

カナダ出身のサラ

サラは何年もの間、暗闇の中で眠ることができませんでした。常に部屋に何かの気配を感じていたのです。医師は不安障害と診断しましたが、効果的な治療法はありませんでした。オンラインの霊的解放セッションで、幼少期の恐怖が悪夢とホラー映画を通して、苦しめる霊の扉を開いてしまったことが明らかになりました。彼女は悔い改め、恐怖を捨て去り、その恐怖を消し去るように命じました。今では安らかに眠っています。

ナイジェリア出身のウチェさん

ウチェは説教の召命を受けたが、人々の前に立つたびに凍り付いてしまった。その恐怖は異常で、息が詰まり、身動きが取れなくなるほどだった。祈りの中で、神は彼に、子供の頃に彼の声を嘲笑した教師が言った呪いの言葉を見せた。その言葉は霊的な鎖となった。鎖が切れると、彼は大胆に説教を始めた。

行動計画 - 恐怖を克服する

1. **あらゆる恐怖を名前を挙げて告白します。**「私はイエスの名において［______］への恐怖を放棄します。」
2. **詩篇27章とイザヤ書41章を毎日声に出して読んでください。**
3. **パニックが平和に変わるまで崇拝しましょう。**
4. **恐怖を煽るメディア、つまりホラー映画、ニュース、ゴシップから離れましょう。**

5. **毎日こう宣言しましょう**。「私は健全な精神を持っています。私は恐怖の奴隷ではありません。」

グループアプリケーション - コミュニティのブレークスルー

- グループのメンバーに質問します：あなたを最も麻痺させた恐怖は何ですか?
- 小さなグループに分かれて、**放棄**と**置き換えの祈りを導きます**（例：恐れ→大胆さ、不安→自信）。
- 各人に恐怖を書き留めてもらい、予言的な行為としてそれを燃やします。
- 互いに*聖油を塗り*、*聖書の告白を交わし*てください。

ミニストリーツール:

- 聖油
- 聖書宣言カード
- 賛美歌：ベテルの「もう奴隷ではない」

重要な洞察

恐れを許容することは**信仰を汚すことです**。
大胆さと恐れを同時に抱くことはできません。大胆さを選びましょう。

反省日記

- 子供の頃から私の中に残っている恐怖は何でしょうか?
- 恐怖は私の決断、健康、人間関係にどのような影響を与えたでしょうか?

- もし私が完全に自由だったら、何を変えるだろうか？

恐怖からの解放の祈り

父なる神よ、私は恐れの霊を捨て去ります。恐れを招き入れるトラウマ、言葉、罪といったあらゆる扉を閉ざします。力と愛、そして健全な精神の霊を受け取ります。イエスの御名によって、大胆さと平和と勝利を宣言します。私の人生に恐れはもう存在しません。アーメン。

14日目：悪魔の刻印 ― 不浄なる刻印を消す

「今から後、だれも私を煩わせないでください。私は主イエスの刻印を身に受けているのです。」 –ガラテヤ人への手紙6章17節
「彼らはイスラエルの子らにわたしの名を授け、わたしは彼らを祝福する。」 –民数記6章27節

多くの運命は、神ではなく敵によって霊的な領域で静かに*刻まれています。*
これらの悪魔的な刻印は、奇妙な身体の痕跡、タトゥーや烙印の夢、トラウマ的な虐待、血の儀式、あるいは受け継がれた祭壇といった形で現れることがあります。中には目に見えないものもあり、霊的な感受性を通してのみ見分けられるものもあります。また、身体的な痕跡、悪魔的なタトゥー、霊的な烙印、あるいは慢性的な病状として現れるものもあります。

敵にマークされた人は次のようなことを経験するかもしれません:

- 理由のない拒絶と憎しみが絶えず続く。
- 繰り返される霊的な攻撃と妨害。
- 特定の年齢での早死または健康危機。
- 霊の中で追跡されている – 常に暗闇の中で見える。

これらの印は*法的なタグとして機能し*、闇の霊に拷問、遅延、監視の許可を与えます。
しかし、イエスの血は**清め、新たな名を与えます**。

グローバル表現

- **アフリカ**- 部族の刻印、儀式の切り傷、オカルトの入会の傷跡。
- **アジア**- 精神的な印、祖先のシンボル、カルマの印。
- **ラテンアメリカ**-ブルヘリア（魔術）の入会の印、儀式で使用される誕生の印。
- **ヨーロッパ**- フリーメイソンの紋章、霊的な導きを呼び起こすタトゥー。
- **北米**- ニューエイジのシンボル、儀式的虐待タトゥー、オカルト契約による悪魔の烙印。

実話 - リブランディングの力
ウガンダ出身のデイビッド

ダビデは絶えず拒絶に直面していました。才能があるにもかかわらず、その理由を誰も説明できませんでした。祈りの中で、ある預言者が彼の額に「霊的なX」印を見ました。それは、村の司祭が幼少期に行った儀式の印でした。解放の際、その印は聖油とイエスの血による宣言によって霊的に消し去られました。数週間のうちに彼の人生は一変しました。結婚し、仕事に就き、青年指導者になったのです。

ブラジル出身のサンドラ

サンドラは10代の頃、反抗期にドラゴンのタトゥーを入れていました。キリストに人生を捧げた後、断食や祈りをするたびに激しい霊的攻撃を受けるようになりました。牧師は、そのタトゥーが霊を監視する悪魔のシンボルであると見抜きました。悔い改め、祈り、そして心の癒しのセッションの後、彼女はタトゥーを除去し、魂の絆を断ち切りました。すると悪夢はすぐに止まりました。

行動計画 - 痕跡を消す

1. あなたの人生における霊的または肉体的な兆候を明らかにするよう**聖霊に求めてください。**
2. それらを許した儀式への個人的な、あるいは受け継がれた関わりについて**悔い改めなさい。**
3. **イエスの血を**あなたの体、額、手、足に塗りましょう。
4. **監視の霊、魂の絆、および**標的と結びついた法的権利を断ち切ります（以下の聖句を参照）。
5. 闇の誓約にリンクされている**物理的なタトゥーやアイテム（指示に従って）を削除します。**

グループアプリケーション - キリストにおけるリブランディング

- グループのメンバーに質問します：これまでに、焼印を押されたり、焼印を押されることを夢見たことがありますか?
- **清めと**キリストへの再献身の祈りを導きます。
- 額に油を塗り、*「あなたは今、主イエス・キリストの刻印を負っています」と宣言します。*
- 監視する霊を断ち切り、キリストにおける彼らのアイデンティティを再構築します。

ミニストリーツール：

- オリーブオイル（塗油のために祝福されたもの）

- 鏡または白い布（象徴的な洗浄行為）
- 聖体拝領（新しいアイデンティティを封印する）

重要な洞察
霊に印がつけられたものは**霊に現れます**。敵があなたをタグ付けするために使ったものを取り除きます。

反省日記
- 説明のない奇妙な跡、あざ、またはシンボルが体に現れたことがありますか?
- 放棄または除去する必要がある物、ピアス、タトゥーはありますか?
- 私は自分の体を聖霊の神殿として完全に再奉献しましたか？

リブランディングの祈り

主イエスよ、あなたの御心に反して、私の体と霊に刻まれたすべての刻印、契約、そして献身を放棄します。あなたの血によって、あらゆる悪魔の烙印を消し去ります。私はキリストのみのために刻印されていると宣言します。あなたの所有権の印が私にありますように。そして、あらゆる監視霊が今、私を見失ってください。私はもはや闇に隠れません。私は自由に歩みます。イエスの御名によって。アーメン。

15日目：鏡の世界 — 反射の牢獄からの脱出

「今は鏡に映るおぼろげなものを見ているが、その時には顔と顔を合わせて…」 –コリント人への第一の手紙13章12節

「目があっても見えず、耳があっても聞こえない…」
–詩篇115篇5～6節

霊界には**鏡の世界**があり、*偽りのアイデンティティ*、霊的操作、そして暗い影の反射が存在します。多くの人が夢や幻の中で見るものは、神からの鏡ではなく、闇の王国が欺くための道具なのかもしれません。
オカルトでは、鏡は**魂を捕らえたり、生活を監視したり、人格を移したりするために使われます**。解放セッションでは、鏡の中、スクリーンの上、あるいは霊的なベールの後ろなど、別の場所に「生きている」自分自身を見たという報告もあります。これらは幻覚ではありません。多くの場合、鏡は以下のような目的のために作られた悪魔の牢獄です。

- 魂を断片化する
- 運命を遅らせる
- アイデンティティを混乱させる
- 代替のスピリチュアルタイムラインをホストする

目標は？本当の自分が混乱や敗北の中で生きている間に、悪魔の支配下で生きる*偽りの自分を作り出すこと*です。

グローバル表現

- **アフリカ**- 魔術師が監視、罠、攻撃に使う鏡の魔術。
- **アジア**- シャーマンは水を入れたボウルや磨いた石を使って霊を「見て」召喚します。

- **ヨーロッパ**- 黒い鏡の儀式、反射による降霊術。
- **ラテンアメリカ**- アステカの伝統における黒曜石の鏡による占星術。
- **北米**- 新時代のミラーポータル、アストラル旅行のためのミラー観察。

証言 – 「鏡の中の少女」
フィリピン出身のマリア

マリアは鏡だらけの部屋に閉じ込められる夢を見ました。人生で何かが前進するたびに、鏡の中の自分が後ろに引っ張られるのが見えました。ある夜、解放の時、彼女は叫び声をあげ、自分が「鏡から出て自由へと歩み出す」のを見たと語りました。牧師は彼女の目に聖油を塗り、鏡を使った操作をやめるよう導きました。それ以来、彼女の精神的な明晰さ、ビジネス、そして家庭生活は大きく変わりました。

スコットランド出身のデイビッド
は、かつてニューエイジ瞑想に深く入り込み、「ミラー・シャドウ・ワーク」を実践していました。時が経つにつれ、声が聞こえ、自分が意図していなかった行動をしているのが見えるようになりました。キリストを受け入れた後、解放の牧師がミラー・ソウルの絆を断ち切り、彼の心のために祈りを捧げました。デイビッドは、何年もぶりに「霧が晴れた」ような感覚を覚えたと語っています。

行動計画 - 鏡の呪縛を破る

1. 霊的に使われる鏡との、既知または未知の関わりをすべて**放棄します。**

2. 祈りや断食（指導されている場合）の間は、**家にあるすべての鏡を布で覆ってください。**
3. **あなたの目と額に油を塗りなさい**。そして、神が見るものだけをあなたが今見ていると宣言しなさい。
4. **聖書を使って**、偽りの反省ではなく、キリストにおける自分のアイデンティティを宣言しましょう。
   - *イザヤ書43:1*
   - *コリント人への第二の手紙5章17節*
   - *ヨハネ8:36*

グループ申請 - アイデンティティ復元

- 質問: 鏡や分身、監視されている夢を見たことがありますか?
- アイデンティティ回復の祈りを導き、偽りの自分からの自由を宣言します。
- 目に手を置き（象徴的に、または祈りとして）、視力がはっきりするように祈ります。
- グループで鏡を使って預言的に宣言しましょう。　*「私は神がおっしゃるとおりの人間です。それ以外の何者でもありません。」*

ミニストリーツール:

- 白い布（シンボルを覆う）
- 塗油用のオリーブオイル
- 預言の鏡宣言ガイド

重要な洞察

敵は、あなたが自分自身をどう見ているかを歪めるのが大好きです。なぜなら、あなたのアイデンティティは運命へのアクセスポイントだからです。

反省日記

- 自分についての嘘を信じてしまったのだろうか？
- 鏡の儀式に参加したことがありますか、あるいは知らないうちに鏡の魔術を許してしまったことがありますか?
- 神は私について何と言っているでしょうか？

鏡の世界からの解放の祈り

天の父よ、私は鏡の世界とのあらゆる契約を破ります。あらゆる暗い映し出し、霊的な分身、偽りのタイムライン。私はすべての偽りのアイデンティティを放棄します。私はあなたがおっしゃる通りの私であると宣言します。イエスの血によって、私は映し出しの牢獄から抜け出し、私の目的の完全性へと踏み出します。今日から、私は聖霊の目で真実と明晰さをもって見ます。イエスの御名によって、アーメン。

16日目：言葉の呪いの束縛を破り、自分の名前と未来を取り戻す

「死と生は舌の力の中にある…」 –箴言18:21
「あなたに対して作られた武器はどれも成功せず、裁きの時にあなたに対して立ち上がるすべての舌をあなたは罪に定める…」 –イザヤ54:17

祝福したり、結びつけたりする力を持つ**霊的な器**なのです。多くの人は、親、教師、霊的指導者、元恋人、あるいは自分自身の口から**かけられた呪いの重荷に、知らず知らずのうちに押しつぶされそうになっています。**
これまでにも次のようなことを聞いたことがある人もいるでしょう。

- 「君は何も成し遂げられないよ。」
- 「あなたは父親と同じで役立たずだ。」
- 「あなたが触れるものはすべて失敗する。」
- 「私があなたを手に入れることができないなら、誰もあなたを手に入れることはできない。」
- 「あなたは呪われている…見てなさいよ。」

怒りや憎しみ、あるいは恐怖から発せられたこのような言葉は、特に権威を持つ者によって発せられた場合、霊的な罠となり得ます。 *「生まれてこなければよかった」* *「結婚なんてしない」*といった、自ら口にした呪いの言葉でさえ、敵に法的根拠を与えてしまう可能性があります。

グローバル表現

- **アフリカ**- 部族の呪い、反抗に対する親の呪い、市場の呪い。
- **アジア**- カルマに基づいた言葉による宣言、子供に対して語られる先祖の誓い。
- **ラテンアメリカ**-話し言葉によって発動されるブルヘリア（魔術）の呪い。
- **ヨーロッパ**- 口頭で伝えられる呪文、自ら実現する家族の「予言」。
- **北米**- 言葉による虐待、オカルト的な詠唱、自己嫌悪の断言。

ささやくか叫ぶかに関わらず、感情と信念をもって発せられた呪いは、精神に重みを持ちます。

証言–「母が死を語ったとき」
ケイシャ（ジャマイカ）

ケイシャは母親から*「あなたのせいで私の人生は台無しになった」と言われながら育ちました*。誕生日ごとに何か悪いことが起こりました。21歳の時、自分の人生に価値がないと思い込み、自殺を図りました。ある解放礼拝で牧師が*「誰があなたの人生に死を告げたのですか？」と尋ねた時*、ケイシャは泣き崩れました。しかし、その言葉を捨て、許しの気持ちを解き放った時、ケイシャはついに喜びを味わいました。今、ケイシャは若い女の子たちに、自分自身に命を告げる方法を教えています。

アンドレイ（ルーマニア）

アンドレイの先生はかつてこう言った。　*「君は25歳になる前に刑務所に入るか死ぬことになるだろう」*。その言葉が彼を苦しめた。彼は犯罪に手を染め、24歳で逮捕された。獄中でキリストに出会い、自分が受け入れていた呪いに気づいた。先生に赦しの手紙を書き、自分に対してかけられた嘘をすべて捨て去り、神の約束を語り始めた。今では刑務所でアウトリーチ活動を行っている。

行動計画 - 呪いを解く

1. 他人や自分自身があなたに対して発した否定的な発言を書き留めてください。
2. 祈りの中で、**呪いの言葉をすべて放棄します**（声に出して言います）。
3. 許しを口にした人に**許しを与えなさい。**
4. 呪いを祝福に置き換えるために、自分自身に対して**神の真理を語りましょう。**
    - *エレミヤ29:11*
    - *申命記 28:13*
    - *ローマ人への手紙8章37節*
    - *詩篇 139:14*

グループ応募 - 言葉の力

- 質問: 良い発言、悪い発言があなたのアイデンティティを形成しましたか?
- グループで、（配慮を持って）大声で呪いを破り、代わりに祝福の言葉を述べます。
- 聖典カードを使って、各人が自分のアイデンティティに関する 3 つの真理を声に出して読みます。
- メンバーが自分自身に対して 7 日間の*祝福の宣言を始めるように奨励します。*

ミニストリーツール:

- 聖書の同一性を示すフラッシュカード

- 口に油を塗るオリーブオイル（言葉を聖化する）
- 鏡の宣言 – 毎日、鏡に映った自分の姿に真実を語りましょう

重要な洞察
もし呪いの言葉が語られたなら、それを破ることができ、その代わりに新しい命の言葉を語ることができるのです。

反省日記
- 私のアイデンティティを形作ったのは誰の言葉でしょうか？
- 恐怖、怒り、恥によって自分自身を呪ったことがあるだろうか？
- 神は私の将来について何とおっしゃるでしょうか？

言葉の呪いを解く祈り

主イエス様、私の人生にかけられたあらゆる呪いを放棄します。家族、友人、教師、恋人、そして私自身でさえも。失敗、拒絶、死を宣告するあらゆる声を赦します。今、イエス様の御名によって、それらの言葉の力を打ち砕きます。私の人生に祝福と恵み、そして運命を告げます。私はあなたが仰る通りの私です。愛され、選ばれ、癒され、そして自由です。イエス様の御名によって。アーメン。

17日目：支配と操作からの解放

「魔術は必ずしもローブや大釜で行われるわけではありません。時には言葉や感情、目に見えない鎖で行われることもあります。」

「反抗は魔術の罪と同じであり、強情は不義と偶像礼拝と同じである。」

–サムエル記上15:23

魔術は神社にだけ存在するのではありません。しばしば微笑みを浮かべ、罪悪感、脅迫、お世辞、恐怖などを用いて人を操ります。聖書は反抗、特に他者を不敬虔に支配しようとする反抗を魔術と同一視しています。感情的、心理的、あるいは霊的な圧力を用いて他者の意志を支配しようとする時、私たちは危険な領域に足を踏み入れているのです。

世界的な兆候

- **アフリカ**- 母親が怒って子供を呪ったり、恋人たちが「ジュジュ」や惚れ薬を使って相手を縛ったり、宗教指導者が信者を威圧したり。
- **アジア**- グルによる弟子の支配、見合い結婚における親の脅迫、エネルギーコードの操作。
- **ヨーロッパ**- 世代的な行動、宗教的罪悪感、支配を統制するフリーメーソンの誓い。
- **ラテンアメリカ**-パートナーを維持するために使われるブルヘリア（魔術）、家族の呪いに根ざした感情的な脅迫。
- **北米**- 自己中心的な子育て、「霊的な覆い」を装った操作的なリーダーシップ、恐怖に基づく予言。

魔術の声はしばしばこうささやきます。*「これをしなければ、私を失うか、神の恵みを失うか、苦しむことになるでしょう。」*
しかし、真の愛は決して人を操ることはありません。神の声は常に平安と明晰さ、そして選択の自由をもたらします。

実話 — 目に見えない鎖を破る

カナダ出身のグレースは、預言的なミニストリーに深く関わっていました。そこでは、リーダーが彼女に誰とデートしてよいか、どこに住むべきか、そしてどのように祈るべきかまで指示し始めました。最初は霊的な体験だと感じていましたが、時が経つにつれて、彼女はリーダーの意見に囚われているように感じるようになりました。彼女が自分で決断しようとすると、いつも「神に反抗している」と言われました。精神的に参ってしまい、*『Greater Exploits』14 を読んだ後*、彼女はこれがカリスマ的な魔術、つまり預言を装った支配行為であることを悟りました。
グレースは、霊的指導者との魂の繋がりを断ち切り、自らの行為に加担したことを悔い改め、地元の癒しのコミュニティに参加しました。現在、彼女は心身ともに健やかになり、宗教的虐待から抜け出す人々を支援しています。

行動計画 – 人間関係における魔術を見分ける

1. 自分自身に問いかけてください: *この人のそばにいると、私は自由に感じますか、それとも、この人を失望させることを恐れますか?*
2. 罪悪感、脅迫、お世辞などが支配の手段として使われている関係を挙げてください。

3. 支配されていると感じたり、声を上げられないと感じさせたりする感情的、精神的、または魂的なつながりをすべて放棄してください。
4. あなたの人生におけるあらゆる操作的な鎖を断ち切るために声に出して祈りましょう。

聖書ツール

- **サムエル記上15:23** - 反逆と魔術
- **ガラテヤ人への手紙5章1節**-「しっかり立ちなさい。…奴隷のくびきを再び負わないようにしなさい。」
- **2コリント3:17** -「主の霊のあるところには自由があります。」
- **ミカ3:5-7** - 脅迫と賄賂を用いた偽預言者

グループディスカッションとアプリケーション

- 精神的または感情的に操作されたと感じたときのことを（必要な場合は匿名で）共有してください。
- 「真実を語る」祈りをロールプレイします。他人に対するコントロールを手放し、自分の意志を取り戻します。
- 支配的な人物との関係を断ち切り、キリストにおける自由を宣言する手紙（実際の手紙または象徴的な手紙）を会員に書かせます。

ミニストリーツール:

- 救出パートナーをペアにします。
- 心と意志の自由を宣言するために聖油を使用してください。
- *唯一の真の覆い*であるキリストとの契約を再び確立します。

重要な洞察

操作が蔓延するところには魔術が蔓延する。しかし、神の霊が宿るところには自由がある。

反省日記

- 誰または何が私の声、意志、方向性をコントロールすることを許してきたのでしょうか?
- 自分の思い通りにするために、恐怖やお世辞を使ったことがありますか？
- キリストの自由の中を歩むために、今日私はどのようなステップを踏むでしょうか。

救済の祈り

天の父なる神よ、私は、私の内、そして私の周囲に働くあらゆる感情的、霊的、心理的な操作を放棄します。恐れ、罪悪感、そして支配に根ざしたあらゆる魂の絆を断ち切ります。反抗、支配、そして脅迫から解放されます。私はあなたの霊のみに導かれていると宣言します。愛と真実と自由のうちに歩む恵みを授かります。イエス・キリストの御名によって。アーメン。

18日目：許しのなさと苦々しさの力を打ち破る

「許さないことは毒を飲んで相手が死ぬことを期待するようなものです。」
「苦い根が生えて、多くの人を悩ませ、汚すことのないように気をつけなさい。」
–ヘブル人への手紙 12:15

苦悩は静かな破壊者です。それは裏切り、嘘、喪失といった傷から始まるかもしれませんが、放置すれば許しがたい感情へと悪化し、最終的にはすべてを蝕む根源となります。
赦さないことは、苦しめる霊の扉を開きます（マタイ18:34）。それは識別力を曇らせ、癒しを妨げ、祈りを阻み、神の力の流れを遮断します。
解放とは、悪魔を追い出すことだけではありません。内に抱えていたものを解放することです。

世界的な苦々しさの表現

- **アフリカ**- 部族間の戦争、政治的暴力、家族の裏切りが何世代にもわたって受け継がれてきました。
- **アジア**- 親と子の間の不名誉、カーストに基づく傷、宗教的裏切り。
- **ヨーロッパ**- 虐待に対する世代を超えた沈黙、離婚や不倫に対する苦々しい思い。
- **ラテンアメリカ**- 腐敗した制度、家族の拒絶、精神的操作による傷。

- **北米**- 教会での傷、人種的トラウマ、父親の不在、職場での不公平。

苦い思いは必ずしも叫ぶわけではない。時には「彼らのしたことは決して忘れない」とささやくこともある。

しかし神はこう言われます。「*それを手放しなさい。彼らがそれに値するからではなく、**あなたが**それに値するからです。*」

実話 — 許さない女性

ブラジル出身のマリアさんは、初めて解放を求めて45歳で来ました。毎晩、絞殺される夢を見ていました。潰瘍、高血圧、そして鬱病に悩まされていました。

セッションの中で、マリアさんは幼少期に虐待し、後に家族を捨てた父親への憎しみを抱いていたことが明らかになりました。

彼女はキリスト教徒になったが、彼を決して許さなかった。

彼女が泣きながら神の前に彼を解放した時、彼女の体は痙攣した。何かが壊れたのだ。その夜、彼女は20年ぶりに安らかな眠りについた。2ヶ月後、彼女の健康は劇的に改善し始めた。彼女は現在、女性のためのヒーリングコーチとして、自らの体験を語っている。

行動計画 – 苦い根を抜く

1. **名前を挙げる**- あなたを傷つけた人の名前を書き留めてください。あなた自身や神様（もしあなたが密かに神様に怒っていたら）でも構いません。
2. **解放する**- 声に出してこう言いましょう。「*私は[名前]の[具体的な罪]を許すことを選びます。彼らを解放し、私自身も解放します。*」

3. **燃やす**- 安全であれば、預言的な解放行為として紙を燃やすか細断します。
4. たとえ感情が抵抗しても、あなたを傷つけた人たちに**祝福を祈りましょう。これは霊的な戦いです。**

聖書ツール

- *マタイ18:21-35* - 赦さない僕のたとえ話
- *ヘブル人への手紙12章15節*- 苦い根は多くの人を汚す
- *マルコ11:25* - 赦しなさい。そうすれば、祈りは妨げられないでしょう
- *ローマ12:19-21* - 復讐は神に委ねなさい

グループアプリケーションとミニストリー

- 各人に（個人的にまたは書面で）許すのに苦労している人の名前を挙げてもらいます。
- 祈りのチームに分かれて、以下の祈りを使って許しのプロセスを進めてください。
- 預言的な「焼き尽くす儀式」を主導し、書き記された罪状を破壊し、癒しの宣言に置き換えます。

ミニストリーツール:

- 許しの宣言カード
- 柔らかな楽器音楽や感動的な礼拝
- 喜びの油（解放後の塗油用）

重要な洞察

許しのなさは敵が利用する門であり、許しは束縛の縄を断ち切る剣である。

反省日記

- 今日は誰を許す必要があるでしょうか？
- 私は自分自身を許しただろうか、それとも過去の過ちに対して自分を罰しているのだろうか？
- 裏切りや攻撃によって失ったものを神が取り戻せると信じますか。

解放の祈り

主イエス様、私は私の痛み、怒り、そして記憶を携えて、あなたの御前に進み出ます。今日、私は信仰によって、私を傷つけ、虐待し、裏切り、拒絶したすべての人を赦すことを選びます。私は彼らを手放します。彼らを裁きから解放し、私自身も苦しみから解放します。すべての傷を癒し、あなたの平安で満たしてくださいますようお祈りいたします。イエス様の御名によって。アーメン。

19日目：恥と非難からの回復

「恥は『私は悪い』と言います。非難は『私は決して自由になれない』と言います。しかし、イエスは『あなたは私のものであり、私はあなたを新しくした』と言います。」
「主を仰ぎ見る者は光り輝き、その顔は恥に覆われることはない。」
–詩篇34:5

恥は単なる感情ではありません。敵の策略です。それは、堕落した者、失敗した者、あるいは侵害された者を包む外套です。「あなたは神に近づくことはできない。あなたはあまりにも汚れている。あまりにも傷ついている。あまりにも罪深い。」と告げます。
しかし、罪を宣告することは**嘘です**。なぜなら、キリストにおいては、**罪を宣告されないからです**（ローマ 8:1）。

解放を求める多くの人々は、自分は**自由に値しないと信じているため、行き詰まり続けています**。彼らは罪悪感をバッジのように背負い、壊れたレコードのように最悪の過ちを繰り返し繰り返します。
イエスはあなたの罪の代価を支払っただけではなく、あなたの恥の代価も支払ったのです。

世界の恥の顔

- **アフリカ**- レイプ、不妊、子供がいないこと、結婚できないことに関する文化的タブー。
- **アジア**- 家族の期待や宗教的離脱による不名誉に基づく恥。

- **ラテンアメリカ**- 中絶、オカルトへの関与、または家族の不名誉による罪悪感。
- **ヨーロッパ**- 秘密の罪、虐待、または精神的な苦悩による隠れた恥。
- **北米**- 依存症、離婚、ポルノ、アイデンティティの混乱による恥。

恥は沈黙の中では栄えますが、神の愛の光の中では消え去ります。

実話 — 中絶後の新しい名前

アメリカのジャスミンは、キリスト教に改宗する前に3回中絶を経験しました。救われたにもかかわらず、彼女は自分を許すことができませんでした。毎年母の日が呪いのように感じられました。人々が子供や子育てについて話すとき、彼女は自分が無視されているように感じ、さらに悪いことに、自分が無価値だと感じていました。

女性のためのリトリートで、彼女はイザヤ書61章の「恥の代わりに、二倍の分を」というメッセージを聞きました。彼女は涙を流しました。その夜、彼女はまだ生まれていない子供たちに手紙を書き、主の前に再び悔い改め、イエスが彼女に*「愛する者」「母」「回復された者」という新しい名前を与えるという幻を見ました。*

彼女は現在、中絶後の女性たちを支援し、彼女たちがキリストにおけるアイデンティティを取り戻すのを助けています。

行動計画 – 影から抜け出す

1. **恥に名前を付ける**- これまで隠していたことや罪悪感を感じていたことを日記に書きましょう。
2. **嘘を告白する**- あなたが信じてきた告発を書き出します（例：「私は汚れている」、「私は失格だ」）。
3. **真実に置き換える**- 神の言葉を自分自身に対して声に出して宣言します（以下の聖句を参照）。
4. **預言的な行動**- 紙に「恥」という言葉を書き、破るか燃やしましょう。 *「もうこれに縛られることはありません！」と宣言しましょう。*

聖書ツール

- *ローマ人への手紙8章1～2節*- キリストにおいては罪に定められない
- *イザヤ書61章7節*- 恥辱に対する二倍の報い
- *詩篇34:5* - 主の御前に輝く
- *ヘブル人への手紙4章16節*- 神の御座への大胆な接近
- *ゼパニヤ3:19-20* - 神は諸国民の恥を取り除く

グループアプリケーションとミニストリー

- 参加者に匿名で恥ずかしい気持ちを綴った文章（「中絶した」「虐待を受けた」「詐欺を犯した」など）を書いてもらい、密封された箱に入れてもらいます。

- イザヤ書61章を声に出して読んでから、悲しみを喜びに、灰を美しさに、恥を名誉に変える交換のための祈りを導きます。
- キリストにおけるアイデンティティを強調する礼拝音楽を演奏します。
- 手放す準備ができている個人に対して預言の言葉を語ります。

ミニストリーツール:

- 身分証明書
- 聖油
- 「You Say」（ローレン・デイグル）、「No Longer Slaves」、「Who You Say I Am」などの曲が入った礼拝プレイリスト

重要な洞察

恥は泥棒です。あなたの声、喜び、そして権威を奪います。イエスはあなたの罪を赦しただけでなく、恥の力を奪い去ってくださいました。

反省日記

- 私が思い出せる最も古い恥ずかしい記憶は何でしょうか?
- 私は自分自身についてどんな嘘を信じてきたのだろうか？
- 神が私を見るように、私は自分自身を清く、輝いて、選ばれた者として見る準備ができているだろうか。

癒しの祈り

主イエスよ、私の恥、隠された痛み、そしてあらゆる非難の声をあなたに捧げます。私は、私が何者であるかについての敵の嘘に同意したことを悔い改めます。

私はあなたの御言葉——私は赦され、愛され、新しくされた——を信じることを選びます。あなたの義の衣を受け取り、自由へと歩み出します。恥から抜け出し、あなたの栄光へと歩み出します。イエスの御名によって、アーメン。

20日目：家庭魔術 — 同じ屋根の下に闇が棲むとき

「すべての敵が外にいるわけではない。見慣れた顔をしている敵もいる。」
「人の敵は自分の家族である。」
－マタイ10:36

最も激しい霊的戦いは、森や神社で戦われるのではなく、寝室、台所、家族の祭壇で戦われます。
家庭内魔術とは、嫉妬、オカルトの実践、先祖の祭壇、または直接的な霊的操作を通じて、親、配偶者、兄弟、家政婦、親戚など家族内で発生する悪魔的な行為を指します。
愛する人や一緒に住んでいる人が関係している場合、救出は複雑になります。

家庭内魔術の世界的事例

- **アフリカ**- 嫉妬深い継母が食べ物を通して呪いをかけ、兄弟はより成功している兄に対して悪霊を召喚します。
- **インドとネパール**- 母親は子供が生まれると神に捧げます。家庭の祭壇は運命をコントロールするために使用されます。
- **ラテンアメリカ**-配偶者や子供を操るために親族が秘密裏に実践するブルヘリアまたはサンテリア。
- **ヨーロッパ**- 家族の系譜に残る隠れたフリーメイソンリーまたはオカルトの誓い、受け継がれた超能力や心霊術の伝統。

- **北米**- ウィッカやニューエイジの親がクリスタルやエネルギー浄化、タロットなどで子供たちを「祝福」する。

これらの力は家族の愛情の背後に隠れているかもしれませんが、その目的は制御、停滞、病気、精神的な束縛です。

実話 — 村の預言者だった父

西アフリカ出身の女性は、父親が村で非常に尊敬されていた預言者である家庭で育ちました。外部の人々にとって、彼は精神的な導き手でした。密室では、彼は敷地内にお守りを埋葬し、恩恵や復讐を求める家族のために犠牲を払っていました。

彼女の人生には奇妙なパターンが現れ始めた。繰り返される悪夢、破れた人間関係、そして説明のつかない病気。彼女がキリストに人生を捧げると、父親は彼女に背を向け、自分の助けなしには成功できないと宣言した。彼女の人生は何年も悪循環に陥った。

数ヶ月にわたる真夜中の祈りと断食の後、聖霊の導きにより、彼女は父親のオカルト的な外套との魂の繋がりをすべて断ち切りました。彼女は壁に聖文を埋め、古いものを燃やし、毎日敷居に聖油を注ぎました。ゆっくりと、変化が起こり始めました。健康状態は回復し、夢は叶い、ついに結婚することができました。今では、家庭の祭壇に向き合う他の女性たちを助けています。

行動計画 – 身近な霊と対峙する

1. **不名誉なく識別する**- 憎しみなく隠された力を明らかにするよう神に求めなさい。

2. **魂の合意を破る**- 儀式、祭壇、または口頭での誓いを通じて結ばれたあらゆる霊的なつながりを放棄します。
3. **霊的に分離する**- 同じ家に住んでいても、祈りを通して**霊的に切り離すことができます。**
4. **あなたの空間を神聖なものにしましょう**- すべての部屋、物、敷居を油と聖書で清めましょう。

聖書ツール

- *ミカ書7:5-7* - 隣人を信頼してはならない
- *詩篇 27:10* - 「たとえ父母がわたしを捨てても…」
- *ルカ14:26* - 家族よりもキリストを愛する
- *列王記下11:1-3* - 殺人的な王太后からの隠された救済
- *イザヤ書54章17節*- 造られた武器はどれも成功しない

グループ申請

- 家族内から反対があったときの経験をシェアしてください。
- 家族の抵抗に直面した時のために、知恵と大胆さと愛を祈りましょう。
- あらゆる魂の絆や親戚による呪いの言葉から解放されるよう祈りを捧げてください。

ミニストリーツール:

- 聖油
- 赦しの宣言
- 契約解放の祈り
- 詩篇91篇の祈りの覆い

重要な洞察
血統は祝福にも戦場にもなり得ます。あなたは血統に支配されるのではなく、贖うために召されているのです。

反省日記

- 身近な人から霊的な抵抗を受けたことがありますか？
- たとえまだ魔術を使っているとしても、許さなければならない人がいるでしょうか?
- たとえ人間関係を犠牲にしても、私は区別される覚悟があるだろうか？

分離と保護の祈り
父なる神よ、最も大きな反対は、最も身近な人々から来ることを認めます。故意であろうと無意識であろうと、私の運命に逆らう家族を一人残らず赦します。あなたの御国に沿わない、私の家系を通して結ばれたあらゆる魂の絆、呪い、そして契約を断ち切ります。イエスの血によって、私は私の家を聖別し、宣言します。私と私の家は、主に仕えます。アーメン。

21日目：イゼベルの霊 ― 誘惑、支配、そして宗教的操作

「しかし、あなたに対しては、こう言いたい。あなたは、自らを預言者と称するイゼベルという女を容認している。彼女は教えによって人々を惑わしている…」
― 黙示録 2:20
「彼女の終わりは突然に訪れ、救いようがない。」
― 箴言 6:15

ある霊は外から叫び、
イゼベルは内から囁きます。
彼女はただ誘惑するだけでなく、**権力を奪い、操り、堕落させ**、教会を崩壊させ、結婚生活を息苦しくさせ、国々を反逆の誘惑に陥れます。

イゼベルの霊とは何ですか?
イゼベルの精神：

- 予言を模倣して誤解を招く
- 魅力と誘惑を使って支配する
- 真の権威を憎み、預言者を黙らせる
- 偽りの謙虚さの裏にプライドを隠す
- 指導者やそれに近い人物によく見られる

男性にも女性にも作用し、抑制されない力、野心、拒絶が癒されないところでは繁栄します。

世界的な兆候

- **アフリカ** - 祭壇を操作し、恐怖で忠誠を要求する偽預言者。
- **アジア** - 誘惑と幻想を混ぜ合わせ、霊的界を支配する宗教的神秘主義者たち。

- **ヨーロッパ**- 古代の女神崇拝が、エンパワーメントの名の下、ニューエイジの実践の中で復活しました。
- **ラテンアメリカ**— サンテリアの女司祭が「霊的助言」を通じて家族を支配している。
- **北米**- 聖書の服従、権威、純潔を嘲笑しながら「神聖な女性らしさ」を宣伝するソーシャルメディアのインフルエンサー。

実話：*祭壇に座ったイゼベル*

カリブ海のある国で、神への熱意に燃える教会が、ゆっくりと、そしてかすかに、その灯火を消し始めた。かつて真夜中に祈りを捧げるために集まっていた執り成しのグループは散り散りになり、青少年奉仕活動はスキャンダルに見舞われた。教会内の結婚は破綻し始め、かつて熱烈だった牧師は優柔不断になり、精神的に疲弊していった。

その中心には、一人の女性、**シスター・Rがいました**。美しく、カリスマ性があり、寛大な彼女は、多くの人々から尊敬されていました。彼女は常に「主の言葉」を心に抱き、すべての人の運命を夢見ていました。教会のプロジェクトに惜しみなく寄付し、牧師に近い地位を得ていました。

彼女は舞台裏で、**他の女性たちを巧妙に中傷し**、若い牧師を誘惑し、分裂の種を撒き散らした。自らを霊的権威と位置づけながら、実際の指導者たちを静かに弱体化させていた。

ある夜、教会にいた10代の少女が鮮明な夢を見ました。説教壇の下に蛇がとぐろを巻いて、マイクに向かってささやいているのが見えたのです。彼女は恐怖に駆られ、その夢を母親に話しました。母親は夢を牧師の元に届けました。

3日間の断食を行うことを決定した。3日目、祈りの時間にシスターRが激しい兆候を見せ始めた。彼女はシューという音を立て、叫び、他者を魔術だと非難した。その後、力強い解放が訪れ、彼女は告白した。10代後半に霊的修道会に入会し、**「彼らの火を盗む」ために教会に潜入する任務を負っていたのだ。**

5つの教会を訪れていた。彼女の武器は派手なものではなく、**お世辞、誘惑、感情のコントロール**、そして預言的な操作だった。

今日、その教会は祭壇を再建し、説教壇も再奉献されました。そしてあの十代の少女は？今では、女性の祈りの運動を率いる熱心な伝道者です。

行動計画 – イゼベルと対峙する方法

1. 操作、性的支配、または精神的な傲慢に協力したあらゆる点を**悔い改めなさい。**
2. **を見極めましょう–** お世辞、反抗、誘惑、偽りの預言。
3. **魂の絆**や不道徳な同盟を断ち切りましょう。特に、あなたを神の声から引き離す人との絆を断ち切りましょう。
4. **あなたの権威を宣言しなさい**。イゼベルは、自分が誰であるかを知っている者を恐れます。

聖書の武器庫:

- 列王記上18-21章 - イゼベル対エリヤ
- 黙示録2:18-29 - テアテラへのキリストの警告
- 箴言6:16-19 - 神が憎むもの
- ガラテヤ5:19-21 - 肉の行い

グループ申請

- 話し合いましょう：霊的な操作を目撃したことがありますか？それはどのように偽装したのでしょうか？
- グループとして、教会、家庭、指導者の場で、イゼベルに対して「寛容なし」の方針を宣言してください。
- **解放の祈り**を捧げたり、断食したりして彼女の影響力を断ち切ってください。
- 危険にさらされたあらゆる奉仕や祭壇を再び奉献します。

奉仕のツール：
聖油を用いる。告白と赦しの場を設ける。**イエスの主権を宣言する賛美歌を歌う。**

重要な洞察
イゼベルは**識別力が低く、寛容性が高い場所で繁栄します**。霊的な権威が目覚めると、彼女の支配は終わります。

反省日記
- 私は操作に導かれることを許しましたか？
- 私が神の声よりも重視している人々や影響力はあるだろうか。
- 私は恐怖や制御のせいで預言の声を黙らせてしまったのだろうか？

救済の祈り
主イエスよ、私はイゼベルの霊とのあらゆる同盟を断ち切ります。誘惑、支配、偽りの預言、そして操作を拒絶します。私の心から、傲慢、恐れ、妥協を清めてください。私の権威を取り戻してください。イゼベルが私の人生に築いたすべての祭壇を破壊してください

。イエスよ、あなたを私の人間関係、召命、そして奉仕の主として戴冠してください。識別力と大胆さで私を満たしてください。あなたの御名によって、アーメン。

22日目：ニシキヘビと祈り ―― 束縛の精神を打ち破る

「ある時、私たちが祈りの場へ向かう途中、ピュトンの霊に取り憑かれた女奴隷に出会った…」 ―使徒行伝16:16
「あなたは獅子と蝮を踏みつけるであろう…」 ―詩篇91:13

締め付ける霊があります。
それはあなたの炎を窒息させます。それはあなたの祈りの生活、呼吸、礼拝、規律に絡みつき、かつてあなたに力を与えていたものを諦めさせてしまうのです。**パイソン**の精神です。**精神的な成長を制限し、運命を遅らせ、祈りを抑圧し、予言を偽造する**悪魔の力です。

世界的な兆候

- **アフリカ**- ニシキヘビの精霊は、海や森の神殿で活動する偽りの予言の力として現れます。
- **アジア**- 蛇の精霊は、餌を与えたり、なだめたりしなければならない神として崇拝されています。
- **ラテンアメリカ**- 富、欲望、権力のために使われるサンテリアの蛇のような祭壇。
- **ヨーロッパ**- 魔術、占い、超能力者の間で蛇はシンボルとして使われます。
- **北米**- 反抗と霊的混乱に根ざした偽の「預言的」な声。

証言：*息ができない少女*

コロンビア出身のマリソルさんは、祈るためにひざまずくたびに息切れを感じるようになりました。胸が締め付けられるほどでした。夢には蛇が首に巻き付いたり、ベッドの下にとまっているようなイメージばかりが浮かびました。医師は医学的な異常は何も見つけられませんでした。
ある日、祖母はマリソルが子供の頃、蛇の姿で現れる山の精霊に「身を捧げていた」ことを打ち明けた。それは**「守護精霊」だった**が、それには代償が伴っていた。
解放集会の最中、マリソルは誰かに手をかけられ、激しく叫び始めた。何かがお腹の中で動き、胸を伝い、そしてまるで空気が吐き出されるかのように口から出てくるのを感じた。
その出会いの後、息切れは治まり、彼女の夢は変わりました。彼女は祈祷会を率いるようになりました。まさにかつて敵が彼女から締め出そうとしたものでした
。

パイソンスピリットの影響を受けているかもしれない兆候

- 祈ったり礼拝したりするたびに疲労感や重苦しさを感じる
- 予言的な混乱や欺瞞的な夢
- 常に窒息したり、閉塞したり、拘束されていると感じる
- 明確な原因のないうつ病や絶望
- 精神的な欲求や意欲の喪失

行動計画 - 制約を打ち破る

1. オカルト、超能力、または先祖との関わりを**悔い改めなさい。**

2. **あなたの体と精神は神だけのものであると宣言してください。**
3. イザヤ書27章1節と詩篇91章13節を用いた**断食と戦争。**
4. **あなたの喉、胸、足に油を塗りましょう**。真実を語り、呼吸し、歩む自由を主張しましょう。

解放の聖書の言葉:

- 使徒行伝16:16-18 – パウロがニシキヘビの霊を追い出す
- イザヤ書27章1節 – 神は逃げる蛇レビヤタンを罰する
- 詩篇91篇 – 保護と権威
- ルカ10:19 – 蛇やサソリを踏みつける力

グループ申請

- 質問: 個人として、また集団として、私たちの祈りの生活を妨げているものは何でしょうか。
- グループで呼吸の祈りを導き、メンバー全員に**神の息吹**（ルアハ）を宣言します。
- 礼拝と執り成しにおけるあらゆる偽りの預言的影響力や蛇のような圧力を打ち破ってください。

奉仕の道具: フルートや呼吸器官を使った礼拝、象徴的なロープの切断、呼吸の自由のための祈りのスカーフ。

重要な洞察

パイソンの魂は神が生み出そうとするものを窒息させる。息と勇気を取り戻すには、それに立ち向かわなければならない。

反省日記

- 最後に祈りの中で完全に自由を感じたのはいつだったでしょうか。
- 私が無視している霊的疲労の兆候はあるでしょうか？
- 知らないうちに、さらなる混乱をもたらした「スピリチュアルなアドバイス」を受け入れてしまったのでしょうか。

救済の祈り

父なる神よ、イエスの御名によって、私の目的を阻むあらゆる束縛の霊を打ち砕きます。大蛇の霊と、あらゆる偽りの預言の声を捨て去ります。あなたの霊の息吹を受け、宣言します。私は自由に呼吸し、大胆に祈り、正しく歩みます。私の人生に巻き付くあらゆる蛇は切り落とされ、追い出されます。今、私は解放を受けます。アーメン。

23日目：不義の玉座 ― 領土要塞の破壊

「法によって悪を企てる不義の王座が、あなたと交わりを持つでしょうか？」 –詩篇94:20
「私たちの戦いは、血肉に対するものではなく、…闇の支配者たちに対するものです…」 –エペソ6:12

目に見えない**王座**が都市、国家、家族、組織の中に確立されており、そこでは悪魔の力が契約、法律、偶像崇拝、長期にわたる反乱を通じて**合法的に支配しています。**
これらは無差別攻撃ではありません。これらは、世代を超えて悪を永続させる構造に深く根ざした、**権力を掌握した者たちによるものです。**
これらの王座が**霊的に解体されるまで**、表面レベルでどれだけ祈りを捧げても、闇のサイクルは続くでしょう。

世界の拠点と王座

- **アフリカ**- 王家の血統と伝統的な評議会における魔術の王座。
- **ヨーロッパ**- 世俗主義、フリーメイソン、合法化された反乱の王座。
- **アジア**- 祖先の寺院や政治王朝における偶像崇拝の玉座。
- **ラテンアメリカ**- 麻薬テロ、死のカルト、そして腐敗の支配地。
- **北アメリカ**- 倒錯、中絶、人種差別の王座。

これらの玉座は決定に影響を与え、真実を抑圧し、**運命を食い尽くします。**

証言：*市議会議員の救出*

南アフリカのある都市で、新しく選出されたキリスト教徒の議員は、自分以前の役職者が全員、気が狂ったか、離婚したか、突然亡くなったことを知りました。数日間の祈りの後、主は市庁舎の地下に埋められた**血の犠牲の玉座を啓示した。地元の予言者が領土主張の一環として、ずっと昔にそこにお守りを置いたのだ。**
評議員は執り成しの信者を集め、断食し、真夜中に評議室で礼拝を行った。3晩にわたり、職員は壁の中から奇妙な叫び声が聞こえ、電気が点滅したと報告した。
一週間以内に告白が始まり、不正契約が暴露され、数ヶ月以内に公共サービスが改善された。王位は崩壊した。

行動計画 - 闇を打倒する

1. **王座を特定します**。あなたの都市、職場、血統、または地域にある領土の拠点を示してくださるよう主に求めてください。
2. **国のために悔い改めなさい**（ダニエル書 9 章風の執り成し）。
3. **戦略的に礼拝しましょ**う。神の栄光が支配すると王座は崩れ去ります（歴代誌下 20 章参照）。
4. その領域の唯一の真の王として**イエスの名を宣言してください。**

アンカー聖句:

- 詩篇94:20 - 不義の座
- エペソ6:12 - 支配者と権威者

- イザヤ書28章6節 - 戦いに挑む者たちへの正義の霊
- 列王記下23章 - ヨシヤが偶像崇拝の祭壇と玉座を破壊する

グループエンゲージメント

- 近所や街の「スピリチュアル マップ」セッションを実施します。
- 質問：ここでは、罪、苦痛、抑圧のサイクルとは何でしょうか。
- 学校、裁判所、市場などの主要な出入り口で毎週祈る「見張り人」を任命する。
- 詩篇149篇5～9節を使って，霊的な支配者たちに対してグループで命令を下します。

奉仕の道具：ショファール、市内地図、土地の聖別のためのオリーブ オイル、祈りのウォーキング ガイド
。

重要な洞察

自分の街に変化をもたらしたいなら、システムの表側だけでなく、その背後に**ある権力に挑戦しなければなりません。**

反省日記

- 私の街や家族の中に、私よりも大きな問題として感じられる争いが繰り返し起こっていますか
?
- 自分が即位させなかった王位との戦いを引き継いだのでしょうか？

- 祈りの中で退けられるべき「支配者」は誰でしょうか。

戦いの祈り
主よ、私の領土を支配するあらゆる悪の王座を暴いてください。イエスの御名を唯一の王と宣言します。あらゆる隠された祭壇、律法、契約、そして闇を強制する力を火で打ち砕いてください。私は執り成しの立場を取ります。小羊の血と私の証の言葉によって、私は王座を打ち倒し、私の家、街、そして国にキリストを即位させます。イエスの御名によって。アーメン。

24日目：魂の断片 ― 自分自身の一部が欠けているとき

「主は私の魂を回復させてくださる…」 –詩篇23:3
「主は言われる。私はあなたの傷を癒す。あなたは見捨てられた者と呼ばれているのに…」 –エレミヤ30:17

トラウマは魂を粉々に砕く力を持っています。虐待、拒絶、裏切り、突然の恐怖、長引く悲しみ。こうした経験は単なる記憶にとどまらず、**内面をも破壊します**。
多くの人が、一見すると健全そうに見えても、**自分自身の一部が欠けたまま生きています**。喜びは粉々に砕け散り、アイデンティティは散り散りになり、感情の時間帯に囚われています。一部は辛い過去に囚われ、体は老化を続けています。
これらは**魂の断片**であり、トラウマや悪魔の干渉、魔術による操作によって切り離された感情的、心理的、精神的な自己の一部です。
それらの破片がイエスを通して集められ、癒され、再び統合されるまで、**真の自由はつかみどころのないままです**。

世界的な魂の盗難行為

- **アフリカ**- 瓶や鏡の中に人の「本質」を捕らえる呪術師。
- **アジア**- グルやタントラの実践者による魂を捕らえる儀式。
- **ラテンアメリカ**- 制御または呪いのためのシャーマン的な魂の分割。

- **ヨーロッパ**- アイデンティティを破壊したり、好意を奪ったりするために使用されるオカルト鏡魔法。
- **北米**- 性的虐待、中絶、またはアイデンティティの混乱によるトラウマは、しばしば深い魂の傷と分裂を引き起こします。

物語：*感じることのできない少女*

スペイン出身の25歳のアンドレアは、家族から長年にわたる性的虐待に耐えてきました。イエスを受け入れたにもかかわらず、感情は麻痺したままでした。泣くことも、愛することも、共感することもできませんでした。
訪ねてきた牧師が彼女に奇妙な質問をした。「喜びはどこに残してきたのですか？」 目を閉じると、アンドレアは9歳のとき、クローゼットの中で丸くなり、「もう二度と感じることはないだろう」と自分に言い聞かせていたことを思い出した。
二人は共に祈りました。アンドレアは許し、内なる誓いを捨て、イエスをあの特別な記憶の中に招き入れました。彼女は数年ぶりに抑えきれないほどの涙を流しました。その日、**彼女の魂は回復しました**。

行動計画 - 魂の回復と癒し

1. 聖霊に尋ねてください。*私はどこで自分自身の一部を失ってしまったのでしょうか。*
2. その瞬間に関わったすべての人を許し、「二度と信用しない」といった**心の中の誓いを捨てましょう。**
3. 記憶の中にイエスを招き入れ、その瞬間に癒しを語りかけましょう。

4. 祈りましょう。*「主よ、私の魂を回復してください。私のすべてのかけらが戻ってきて、完全なものとなるように。」*

重要聖句:

- 詩篇23:3 - 主は魂を回復される
- ルカ4:18 - 傷ついた心を癒す
- テサロニケ第一5章23節 - 霊、魂、体が守られる
- エレミヤ30:17 - 追放された者と傷の癒し

グループ申請

- **内なる癒しの祈りのセッション**を通じてメンバーを導きます。
- 質問:*人生の中で、信じること、感じること、夢を見ることをやめた瞬間はありますか?*
- イエスと一緒に「あの部屋に戻って」、イエスが傷を癒すのを見守るロールプレイをします。
- 信頼できる指導者に、頭に優しく手を置いてもらい、魂の回復を宣言してもらいます。

奉仕ツール:礼拝用の音楽、柔らかな照明、ティッシュ、日記の書き出し。

重要な洞察

解放とは、悪霊を追い出すことだけではありません。**壊れた破片を集め、アイデンティティを取り戻すことです。**

反省日記

- トラウマ的な出来事の中には、今でも私の考え方や感情に影響を与えているものはありますか?

- 「もう二度と恋はしない」とか「もう誰も信じられない」と言ったことがあるだろうか？
- 私にとって「完全性」とはどのようなものでしょうか？そして私はそれを受け入れる準備ができているでしょうか？

回復の祈り

イエス様、あなたは私の魂の牧者です。恐れ、恥、痛み、裏切りによって打ち砕かれたあらゆる場所を、あなたと共に歩みます。トラウマの中で口にした内なる誓いや呪いをすべて破ります。私を傷つけた者たちを赦します。今、私の魂のあらゆる部分が戻ってくるよう呼びかけます。霊、魂、そして体を完全に回復させてください。私は永遠に砕かれたわけではありません。あなたの中で、私は完全です。イエス様の御名によって。アーメン。

25日目：奇妙な子供たちの呪い — 誕生時に運命が入れ替わるとき

「彼らの子らは異国の子らだ。今や一月が彼らをその分と共に滅ぼすであろう。」 – ホセア書 5:7 「わたしは、あなたを
母の胎内に形づくる前から、あなたを知っていた…」
– エレミヤ書 1:5

ある家庭に生まれたすべての子供が、その家庭にふさわしい存在であるとは限りません。
あなたのDNAを受け継いだすべての子供が、あなたの遺産を受け継ぐわけではありません。
敵は長い間、**出産を戦場として利用してきました**。
運命を交換したり、偽の子孫を植え付けたり、赤ん坊を暗い契約に導いたり、受胎が始まる前に子宮に干渉したりしてきました。
これは単なる物理的な問題ではありません。祭壇、犠牲、そして悪魔的な法的な事柄を伴う、**霊的な行為なのです。**

奇妙な子供たちとは何ですか?

「奇妙な子供たち」とは、

- オカルト的な献身、儀式、または性的契約を通じて生まれた子供たち。
- 子孫は出生時に入れ替わります（精神的または肉体的に）。
- 家族や家系に暗い使命を背負っている子供たち。

- 魔術、降霊術、あるいは世代の祭壇によって子宮に捕らえられた魂。

多くの子供たちは、反抗的、依存的、親や自分への憎しみを抱えながら成長します。それは単に悪い子育てからだけではなく、**生まれたときに誰が彼らを霊的に支配したかによるのです。**

グローバル表現

- **アフリカ**- 病院での霊的交流、海の精霊や儀式的な性行為による子宮の汚染。
- **インド**- 生まれる前に寺院やカルマに基づく運命に導かれる子供たち。
- **ハイチとラテンアメリカ**- サンテリアの献身、祭壇上または呪文の後に妊娠した子供たち。
- **西洋諸国**- 体外受精や代理出産の慣行は、時にはオカルト的な契約やドナーの血統と結びついており、中絶は精神的な扉を開いたままにします。
- **世界中の先住民文化**- 精霊の命名儀式またはトーテム的なアイデンティティの移転。

物語：*間違った魂を持つ赤ちゃん*

ウガンダ出身の看護師クララさんは、ある女性が祈祷会に生まれたばかりの赤ちゃんを連れてきた時のことを話してくれました。赤ちゃんは泣き叫び続け、ミルクを拒み、祈りにも激しく反応しました。

預言の言葉によって、赤ちゃんは誕生時に霊的に「交換」されていたことが明らかになりました。母親は、子供を切望していた頃、呪術師が自分のお腹に祈りを捧げたと告白しました。

悔い改めと熱心な解放の祈りを通して、赤ちゃんはぐったりとしていた状態から、やがて落ち着きを取り戻しました。その後、赤ちゃんはすくすくと成長し、平穏を取り戻し、成長の兆しを見せました。
子どもの病気はすべて自然なものではありません。中には、**受胎時からの遺伝によるものもあります**。

行動計画 - 子宮の運命を取り戻す

1. あなたが親であれば、**あなたの子供を新たにイエス・キリストに捧げてください**。
2. 先祖が知らない間にした出生前の呪い、献身、または契約をすべて放棄してください。
3. 祈りの中で、お子さんの霊に直接語りかけてください。*「あなたは神のものです。あなたの運命は回復されました。」*
4. 子供がいない場合は、あらゆる形の霊的な操作や改ざんを拒否しながら子宮に祈りを捧げてください。

重要聖句:

- ホセア書9:11-16 - 異邦の種に対する裁き
- イザヤ49:25 - 子供たちのために戦う
- ルカ1:41 - 胎内から聖霊に満たされた子供たち
- 詩篇139:13-16 - 神の子宮における意図的な設計

グループエンゲージメント

- 保護者に子供の名前または写真を持ってきてもらいます。
- それぞれの名前にこう宣言してください。「あなたの子のアイデンティティは回復されました。異質な手はすべて切り取られました。」

- すべての女性（そして霊的な種子の担い手としての男性）の霊的な子宮の浄化を祈りましょう。
- 血統の運命を取り戻すことを象徴するために聖餐を使用します。

奉仕の道具: 聖餐、聖油、印刷された名前またはベビー用品（オプション）。

重要な洞察

サタンは子宮を標的とします。なぜなら、子宮は**預言者、戦士、そして運命が形成される場所だからです**。しかし、すべての子供はキリストを通して取り戻されることができます。

反省日記

- 妊娠中や出産後に奇妙な夢を見たことがありますか?
- 私の子供たちは不自然に思える方法で苦労しているでしょうか?
- 世代間の反抗や遅延の精神的な起源に立ち向かう準備ができているだろうか?

再生の祈り

父なる神よ、私は私の胎、私の子孫、そして私の子供たちをあなたの祭壇に捧げます。敵に侵入を許したあらゆる扉――既知であろうと未知であろうと――を悔い改めます。私の子供たちに課せられたあらゆる呪い、献身、そして悪魔の使命を打ち砕きます。私は彼らに語りかけます。あなたは聖なる御方であり、神の栄光のために選ばれ、封印された御方です。あなたの運命は贖われました。イエス・キリストの御名によって。アーメン。

26日目：隠された力の祭壇 – エリートのオカルト的契約からの解放

「悪魔はまたイエスを非常に高い山に連れて行き、この世のすべての国々とその栄華を見せて言った。『もしあなたがひれ伏して私を拝むなら、これを皆あなたにあげよう。』」 –マタイ4:8-9

多くの人は、悪魔の力は密室の儀式や闇の村にしか存在しないと考えています。しかし、最も危険な契約の中には、洗練されたスーツ、エリートクラブ、そして何世代にもわたる影響力の背後に隠されているものもあります。

これらは**権力の祭壇で**あり、血の誓約、入会儀式、秘密の象徴、そして口頭での誓約によって形成され、個人、家族、さらには国家全体をルシファーの支配下に縛り付ける。フリーメイソンからカバラの儀式、東洋の星の入会儀式から古代エジプトやバビロニアの神秘学派に至るまで、それらは悟りを約束しながらも束縛をもたらす。

グローバルコネクション

- **ヨーロッパと北米**- フリーメイソン、薔薇十字団、黄金の夜明け団、スカル アンド ボーンズ、ボヘミアン グローブ、カバラの入信儀式。
- **アフリカ**- 政治的な血の協定、統治権をめぐる祖先の霊との取引、高レベルの魔術同盟。

- **アジア**- 啓蒙された社会、竜の精霊との契約、古代の魔術に結びついた血統の王朝。
- **ラテンアメリカ**- 政治的サンテリア、カルテルと結びついた儀式的保護、成功と免責のために結ばれた協定。
- **中東**- 宗教的または王室の名の下に受け継がれた古代バビロニア、アッシリアの儀式。

証言 - フリーメイソンの孫が自由を獲得

アルゼンチンの有力な家庭に育ったカルロスは、祖父がフリーメイソンリーの33階級に達していたことを全く知らなかった。金縛り、人間関係の悪化、そしてどんなに努力しても全く前に進めないといった奇妙な現象が彼の人生を悩ませていた。
エリート層とオカルトとの繋がりを暴露する解放の教えに出席した後、彼は家族の歴史と向き合い、フリーメーソンの衣装と隠された日記を発見しました。真夜中の断食中に、彼はすべての血の契約を放棄し、キリストにおける自由を宣言しました。そしてまさにその週、長年待ち望んでいた仕事の転機を迎えました。

高いレベルの祭壇は高いレベルの反対を生み出します。しかし、**イエスの血は**どんな誓いや儀式よりも雄弁に語ります。

行動計画 - 隠されたロッジの暴露

1. **調査**: あなたの血統には、フリーメーソンや秘教、秘密結社などの関係がありますか?
2. マタイ10:26–28に基づく宣言を使って、すべての既知および未知の契約**を放棄します。**

3. ピラミッド、全知の目、コンパス、オベリスク、指輪、ローブなどのオカルトのシンボル**を燃やすか取り除きます。**
4. **声に出して祈る**：

「私は秘密結社、軽薄なカルト、そして偽りの同胞団とのあらゆる秘密協定を破棄します。私は主イエス・キリストのみに仕えます。」

グループ申請

- メンバーに、エリート層とオカルトとの既知のつながり、あるいは疑わしいつながりを書き出してもらう。
- 紙を破ったり、絵を燃やしたり、別れの印として額に油を塗ったりして、**縁を切る象徴的な行為**を先導します。
- **詩篇 2 章**を用いて、主の油注がれた者に対する国家および家族の陰謀が打ち砕かれることを宣言します。

重要な洞察

サタンの最大の支配力は、しばしば秘密と威厳に包まれています。真の自由は、そうした祭壇を暴き、放棄し、崇拝と真実によって排除することから始まります。

反省日記

- 私は霊的に「おかしい」と感じる富、権力、または機会を相続したことがあるだろうか？
- 私の祖先には私が無視してきた秘密のつながりがあるのでしょうか?

- 権力への不当なアクセスを断つには、どんな犠牲が払われるだろうか。そして、私はその覚悟があるだろうか。

救済の祈り

父なる神よ、私はあらゆる隠された小屋、祭壇、そして契約から、私の名において、あるいは私の血統のために、出で立ちます。あらゆる魂の絆、あらゆる血の絆、そして故意にせよ無意識にせよ交わされたあらゆる誓いを断ち切ります。イエス様、あなたは私の唯一の光、唯一の真理、そして唯一の覆いです。あなたの炎が、権力、影響力、欺瞞へのあらゆる不敬虔な繋がりを焼き尽くしますように。私は完全な自由を受け取ります。イエス様の御名によって。アーメン。

27日目：不浄な同盟 – フリーメイソン、イルミナティ、そして霊的侵入

「無益な暗闇の業には一切関わらないようにしなさい。むしろ、それを暴露しなさい。」 —エペソ人への手紙5章11節
「主の杯と悪霊の杯を両方飲むことはできません。」 —コリント人への手紙第一10章21節

慈善活動、繋がり、啓蒙活動といった、一見無害な友愛団体を装う秘密結社や世界規模のネットワークが存在します。しかし、その陰には、より深い誓い、血の儀式、魂の繋がり、そして「光」に包まれたルシフェリアン教義の層が隠されています。
フリーメイソン、イルミナティ、イースタン・スター、スカル・アンド・ボーンズ、そしてそれらの姉妹組織は、単なる社交クラブではありません。それらは忠誠の祭壇であり、中には数世紀も前から存在し、家族、政府、さらには教会にまで霊的に浸透するために設計されています。

グローバルフットプリント

- **北米とヨーロッパ**- フリーメイソンの寺院、スコティッシュ・ライト・ロッジ、イェール大学のスカル・アンド・ボーンズ。
- **アフリカ**- フリーメーソンの儀式、保護や権力のための血の契約を伴う政治的および王室の入会儀式。

- **アジア**- 神秘的な悟り、秘密の修道院の儀式として仮面を被ったカバラの学派。
- **ラテンアメリカ**- 隠されたエリート組織、サンテリアがエリートの影響力と血の協定と融合しました。
- **中東**- 権力構造と偽りの光の崇拝に結びついた古代バビロニアの秘密結社。

これらのネットワークでは、次のようなことがよくあります。

- 血による誓い、または口頭での誓いを要求する。
- オカルトのシンボル（コンパス、ピラミッド、目）を使用します。
- ある秩序に魂を呼び起こしたり捧げたりする儀式を行う。
- 精神的な支配と引き換えに影響力や富を与える。

証言 - 司教の告白

東アフリカのある司教は、大学時代に「コネ」を求めてフリーメイソンに低位で入会したことを教会で告白した。しかし、階級が上がるにつれて、奇妙な要求に気づき始めた。沈黙の誓い、目隠しとシンボルを使った儀式、そして祈りの生活を冷え込ませる「光」。彼は夢を見ることもできなくなり、聖書を読むこともできなくなった。
悔い改め、あらゆる階級と誓いを公に否定した後、霊的な霧は晴れた。今日、彼はかつて自分が関わってきたことを明らかにしながら、大胆にキリストを説いている。鎖は破られるまで、目に見えなかった。

行動計画 - フリーメイソンと秘密結社の影響力を打ち破る

1. フリーメイソン、薔薇十字団、カバラ、スカル・アンド・ボーンズ、または類似の秘密結社との個人または家族の関わり**を特定します。**
2. 1段階から33段階以上まで、すべての儀式、証、誓約を含む、**各段階のイニシエーションを放棄します。（解放に関する放棄のガイドはオンラインで見つけることができます。）**
3. **権威をもって祈る**：

「私は、私自身、あるいは私の代理人によって秘密結社に結ばれたあらゆる魂の絆、血の契約、そして誓約を破棄します。私はイエス・キリストのために私の魂を取り戻します！」

4. **象徴的なアイテムを破壊する**：王冠、本、証明書、指輪、額入りの写真など。
5. 以下を使用して自由**を宣言します。**
    - *ガラテヤ5:1*
    - *詩篇 2:1-6*
    - *イザヤ書 28:15-18*

グループ申請

- グループの全員に目を閉じてもらい、聖霊に秘密の関係や家族のつながりを明らかにしてもらいます。
- 団体の放棄：エリート組織との既知または未知のつながりをすべて断罪する祈りを捧げます。
- 聖餐を利用して破綻を封じ、キリストとの聖約を再調整します。

- 頭と手に油を塗り、心の明晰さと聖なる働きを回復します。

重要な洞察

世が「エリート」と呼ぶものを、神は忌まわしいものと呼ぶかもしれない。すべての影響力が聖なるものではなく、すべての光が光であるわけでもない。霊的な誓いに関わることにおいて、無害な秘密など存在しない。

反省日記

- 私は秘密結社や神秘的な啓蒙団体に所属していたり、興味を持っていたりしたことがありますか?
- 私の信仰に霊的な盲目、停滞、あるいは冷たさの証拠はありますか？
- 家族の関わりに勇気と寛大さを持って立ち向かう必要があるでしょうか?

自由の祈り

主イエスよ、私は唯一の真の光として、あなたの前に進み出ます。あらゆる束縛、あらゆる誓い、あらゆる偽りの光、そして私を縛り付けるあらゆる隠れた秩序を放棄します。フリーメイソン、秘密結社、古の同胞団、そして闇と繋がるあらゆる霊的な絆を断ち切ります。私はイエスの血のみの下にあり、封印され、解放され、自由であることを宣言します。あなたの霊が、これらの契約の残滓をすべて焼き尽くしてくださいますように。イエスの御名によって、アーメン。

28日目：カバラ、エネルギーグリッド、そして神秘的な「光」の魅力

「サタン自身が光の天使に変装しているのです。」 –コリント人への手紙二 11:14
「あなたがたのうちにある光は暗くなっています。その暗さはどれほど深いことでしょう。」 –ルカによる福音書 11:35

精神的な悟りに熱中する現代において、多くの人が知らず知らずのうちに、古代カバラの実践、エネルギーヒーリング、そしてオカルト教義に根ざした神秘的な光の教えに浸っています。これらの教えはしばしば「キリスト教神秘主義」「ユダヤ教の叡智」「科学に基づくスピリチュアリティ」といった仮面を被っていますが、その起源はシオンではなくバビロンにあります。
カバラは単なるユダヤ哲学体系ではありません。秘密のコード、神聖な放射（セフィロト）、そして秘伝の経路に基づいて構築された精神的な基盤です。タロット、数秘術、黄道帯のポータル、ニューエイジのグリッドの背後にあるのと同じ、魅惑的な欺瞞です。
多くの有名人、影響力のある人、ビジネス界の大物たちは、霊的な罠の目に見えないシステムに参加していることに気づかずに、赤い紐を身に着けたり、水晶のエネルギーで瞑想したり、ゾハルに従ったりしています。

世界的な絡み合い

- **北米**- ウェルネス スペースを装ったカバラセンター、ガイド付きエネルギー瞑想。
- **ヨーロッパ**- 秘密結社で教えられたドルイドのカバラと秘教的キリスト教。
- **アフリカ**- 聖書と数秘術、エネルギーポータルを混ぜ合わせた繁栄カルト。
- **アジア**- チャクラヒーリングが、宇宙の法則に沿って「光の活性化」として再ブランド化されました。
- **ラテンアメリカ**- 神秘的なカトリック教において、聖人とカバラの大天使が混ざり合っている。

これは偽りの光の誘惑であり、知識が神となり、啓発が牢獄となるのです。

真実の証言 —— 「光の罠」からの脱出

南米のビジネスコーチ、マリソルは、カバラの師から数秘術と「神聖なエネルギーの流れ」を学び、真の知恵を見出しました。夢は鮮明になり、ビジョンは鮮明になりました。しかし、心の平穏は？失われました。人間関係は？崩壊しつつあります。

毎日「軽い祈り」をしていたにもかかわらず、マリソルは眠っている間に影のような存在に苦しめられていることに気づきました。友人から、イエスに出会った元神秘主義者の証言ビデオが送られてきました。その夜、マリソルはイエスに呼びかけました。すると、まばゆいばかりの白い光が見えました。神秘的なものではなく、純粋な光でした。彼女は平穏を取り戻しました。彼女は持ち物を処分し、解放への旅を始めました。現在、彼女は霊的な欺瞞に囚われた女性たちのために、キリストを中心としたメンタリング・プラットフォームを運営しています。

行動計画 - 偽りの光を放棄する

1. **を監査してください**: 神秘的な本を読んだり、エネルギーヒーリングを実践したり、星占いに従ったり、赤い糸を身に着けたりしたことがありますか?
2. キリストの外に光を求めたことを**悔い改めなさい。**
3. **同点**の場合:
   - カバラ/ゾハルの教え
   - エネルギー医学または光活性化
   - 天使の召喚または名前の解読
   - 神聖幾何学、数秘術、あるいは「コード」
4. **声に出して祈る**：

「イエス様、あなたは世の光です。私はあらゆる偽りの光、あらゆるオカルトの教え、あらゆる神秘的な罠を捨て去ります。私の唯一の真理の源であるあなたに立ち返ります。」

5. **宣言すべき聖書の言葉**：
   - ヨハネ8:12
   - 申命記18:10-12
   - イザヤ書 2:6
   - コリント人への第二の手紙11:13-15

グループ申請

- 質問: あなた（または家族）は、ニューエイジ、数秘術、カバラ、または神秘的な「光」の教えに参加したり、触れたりしたことがありますか?

- 偽りの光を集団で放棄し、唯一の光であるイエスに再び献身する。
- 塩と光のイメージを使いましょう。参加者一人一人にひとつまみの塩とろうそくを渡し、「私はキリストにあってのみ塩であり光です」と宣言します。

重要な洞察

すべての光が聖なるわけではない。キリストの外側を照らすものは、やがて消え去る。

反省日記

- 私は神の言葉以外の知識、力、あるいは癒しを求めたことがありますか。
- どのような霊的な道具や教えを取り除く必要があるでしょうか？
- 私がニューエイジや「軽い」実践を紹介した人で、今になって元に戻す必要がある人はいますか?

救済の祈り

父なる神よ、私は偽りの光、神秘主義、そして秘密の知識を操るあらゆる霊との同意を断ち切ります。カバラ、数秘術、神聖幾何学、そして光を装うあらゆる闇の法則を否定します。イエスこそ私の人生の光であると宣言します。欺瞞の道から離れ、真実へと歩みを進めます。あなたの炎で私を清め、聖霊で満たしてください。イエスの御名によって。アーメン。

29日目：イルミナティのベール – エリートのオカルトネットワークの正体を暴く

「地の王たちは立ち上がり、支配者たちは主とその油そそがれた者に敵対して集結する。」 –詩篇2:2
「隠されたもので、あらわにならないものはなく、秘められたもので、明るみに出ないものはない。」 –ルカによる福音書8:17

私たちの世界の中には、ある世界がある。
それは、ありふれた光景の中に隠されている。ハリウッドから金融界、政治の舞台から音楽帝国まで、闇の同盟と霊的契約のネットワークが、文化、思想、そして権力を形作るシステムを支配している。それは単なる陰謀ではなく、古代の反乱を現代の舞台に合わせて再解釈したものなのだ。
イルミナティの本質は、単なる秘密結社ではなく、ルシフェリアンの思想に基づくものです。頂点に立つ者たちが血、儀式、魂の交換を通して忠誠を誓う精神的なピラミッド。その象徴、ファッション、ポップカルチャーは、大衆を操るためにしばしば用いられます。これは妄想の問題ではありません。認識の問題です。

実話 — 名声から信仰への旅
マーカスはアメリカで新進気鋭の音楽プロデューサーだった。3曲目の大ヒットがチャートを賑わせると、彼は限られた人々から認められるクラブに引き入れられた。権力を持つ男女、精神的な「メンター」、そして秘密に満ちた契約。最初はエリート層向けのメンターシップのように思えた。しかし、その後は「祈祷」セッションへと移った。暗い部屋、赤いライト、詠唱、鏡を使った儀式などだ。彼は体外離脱を経験し始め、夜になると声が歌を囁くようになった。

ある夜、彼は薬物の影響と苦痛に苛まれ、自殺を図りました。しかし、イエスが介入しました。祈る祖母のとりなしが功を奏しました。彼は逃亡し、体制を捨て、長い救済の旅を始めました。今日、彼は光に証する音楽を通して、業界の闇を暴き続けています。

隠された制御システム

- **血の犠牲と性の儀式**- 権力への参入には、肉体、血、または純潔の交換が必要です。
- **マインドプログラミング（MK ウルトラ パターン）** - メディア、音楽、政治で、断片化されたアイデンティティとハンドラーを作成するために使用されます。
- **象徴性**- ピラミッドの目、フェニックス、市松模様の床、フクロウ、逆さの星 - 忠誠の入り口。
- **ルシフェリアン教義**- 「汝の意志を行え」「自らの神となれ」「光の担い手の啓蒙」

行動計画 - エリートの網から解放される

1. たとえ無意識であっても、オカルト的な力を与えることに結びついたあらゆるシステム（音楽、メディア、契約）に参加したことを**悔い改めなさい。**

2. 名声、隠れた契約、エリートのライフスタイルへの憧れを、どんな犠牲を払ってでも**放棄してください。**
3. あなたが関わっているすべての契約、ブランド、ネットワーク**について祈りましょう**。聖霊に、隠れたつながりを明らかにしてくださるようお願いしましょう。
4. **声に出して宣言します**：

「私は闇のあらゆる制度、誓い、そして象徴を拒否する。私は光の王国に属する。私の魂は売り物ではない！」

5. **アンカー聖書**：
    - イザヤ書28章15～18節 - 死との契約は成立しない
    - 詩篇2章 - 神は邪悪な陰謀を笑う
    - 1コリント2:6-8 - この世の支配者たちは神の知恵を理解していません

グループ申請

- グループを率いて**シンボルクレンジング**セッションを実施します。参加者が疑問に思っている画像やロゴを持参してください。
- ポップカルチャーの中でイルミナティのサインを見た場所や、それがどのように彼らの考え方に影響を与えたかを人々に共有するよう促します。
- **自分たちの影響力**（音楽、ファッション、メディア）をキリストの目的に再び捧げるよう勧めます。

重要な洞察

最も強力な欺瞞は、華やかさの中に隠れている。しかし、仮面が剥がされると、鎖は断ち切られる。

反省日記

- 自分が完全に理解していないシンボルや動きに惹かれているのでしょうか?
- 影響力や名声を求めて誓いや契約を交わしたことがありますか？
- 私の賜物や基盤のどの部分を再び神に明け渡す必要があるでしょうか？

自由の祈り

父なる神よ、私はイルミナティとエリートによるオカルトのあらゆる隠された構造、誓約、そして影響力を拒否します。あなたなしの名声、目的なしの力、聖霊なしの知識を放棄します。故意であろうと無意識であろうと、私に対して結ばれたあらゆる血と言葉の契約を破棄します。イエスよ、私はあなたを私の心、賜物、そして運命の主として即位させます。あらゆる目に見えない鎖を暴き、破壊してください。あなたの御名によって私は立ち上がり、光の中を歩みます。アーメン。

30日目：ミステリースクール
― 古代の秘密、現代の束縛

「彼らの喉は開いた墓のよう。彼らの舌は欺きを行い、彼らの唇には毒蛇の毒がある。」 ―ローマ人への手紙 3:13
「この民が陰謀と呼ぶものを、すべて陰謀と呼んではならない。彼らが恐れるものを恐れてはならない。…万軍の主こそ、あなたがたが聖と見なすべき方である。」 ―イザヤ書 8:12-13

イルミナティの遥か昔、エジプト、バビロン、ギリシャ、ペルシャといった古代のミステリースクールが存在しました。これらの学校は、「知識」を伝えるだけでなく、闇の儀式を通して超自然的な力を覚醒させることを目的としていました。今日、これらの学校はエリート大学、スピリチュアルリトリート、「意識向上」キャンプ、さらには自己啓発や高次の意識覚醒を装ったオンライントレーニングコースなどにおいて復活しています。
カバラのサークルから神智学、ヘルメス派、そして薔薇十字団に至るまで、その目的は同じです。「神のようになること」、神に屈することなく潜在力を目覚めさせることです。秘められた詠唱、神聖幾何学、幽体離脱、松果体の解放、そして儀式は、「光」という仮面の下で多くの人々を精神的な束縛へと導きます。
しかし、イエスに根ざしていない「光」はすべて偽りの光です。そして、隠された誓いはすべて破られなければなりません。

実話 - 熟練者から見捨てられた者へ

南アフリカのウェルネスコーチ、サンドラ*は、メンターシッププログラムを通じてエジプトの神秘的な修行に導かれました。その訓練には、チャクラ調整、太陽瞑想、月の儀式、そして古代の叡智の巻物が含まれていました。彼女は「ダウンロード」と「アセンション」を体験し始めましたが、すぐにパニック発作、金縛り、そして自殺願望へと変化しました。
ある解放の牧師がその源を暴露したとき、サンドラは自分の魂が誓約と霊的契約によって縛られていることに気づきました。教団を脱退することは収入と人脈を失うことを意味しましたが、彼女は自由を手に入れました。現在、彼女はキリストを中心としたヒーリングセンターを運営し、ニューエイジの欺瞞について人々に警告しています。

今日のミステリースクールの共通点

- **カバラサークル**- ユダヤの神秘主義と数秘術、天使崇拝、アストラル界が融合したもの。
- **ヘルメス主義**- 「上にあるものは下にも存在する」という教義。魂に力を与えて現実を操作する。
- **薔薇十字団**- 錬金術的変容と魂の昇天に関係する秘密結社。
- **フリーメイソンと秘教的友愛団体**- 隠された光への階層的な進歩。各階級は誓約と儀式によって縛られています。
- **スピリチュアル リトリート**- シャーマンや「ガイド」によるサイケデリックな「悟り」の儀式。

行動計画 - 古代のくびきを破る

1. キリスト以外の入信儀式、講座、または霊的な契約を通じて交わされたすべての契約**を放棄します。**
2. 聖霊に根ざしていないあらゆる「光」や「エネルギー」の源の力を**無効にします。**
3. アンク、ホルスの目、神聖幾何学、祭壇、お香、彫像、儀式の本などのシンボルを家から**取り除きます。**
4. **声に出して宣言する**：

「私は、古今東西を問わず、偽りの光へと至るあらゆる道を拒絶します。真の光であるイエス・キリストに服従します。あらゆる秘密の誓いは、彼の血によって破られます。」

アンカー聖書

- コロサイ2:8 - 空虚で欺瞞的な哲学は不要
- ヨハネ1:4-5 - 真の光は暗闇の中で輝く
- 1コリント1:19-20 - 神は賢者の知恵を滅ぼす

グループ申請

- 象徴的な「巻物を燃やす」夜（使徒行伝 19:19）を主催します。グループのメンバーは、オカルトに関する本、宝石、品物を持ち寄って破壊します。
- 瞑想を通じて奇妙な知識を「ダウンロード」したり、第三の目チャクラを開いたりした人々のために祈ってください。

- **「光の移転」の祈り**をします。これは、これまでオカルトの光に明け渡されていたすべての領域を聖霊が引き継ぐように求める祈りです。

重要な洞察
神は真理を謎や儀式の中に隠すのではなく、御子を通して明らかにされます。あなたを闇に引きずり込む「光」には気をつけなさい。

反省日記

- 古代の知恵、活性化、神秘の力を約束するオンラインまたは実際の学校に通ったことがありますか?
- かつては無害だと思っていたのに、今では罪悪感を感じている本、シンボル、儀式などはありますか?
- 私は神との関係以上に霊的な経験をどこで求めてきただろうか?

救済の祈り
主イエスよ、あなたは道であり、真理であり、光です。あなたの御言葉を無視して歩んできたすべての道を悔い改めます。あらゆる神秘学派、秘密結社、誓約、そして入信儀式を放棄します。古代の欺瞞に根ざしたあらゆる導き手、教師、霊、そして組織との魂の絆を断ち切ります。私の心の隠れた場所すべてをあなたの光で照らし、あなたの霊の真理で私を満たしてください。イエスの御名によって、私は自由に歩みます。アーメン。

31日目：カバラ、神聖幾何学、エリートの光の欺瞞

「サタン自身が光の天使に変装するのです。」 –コリント人への手紙二 11:14
「隠されたことは、私たちの神である主のものであり、明らかにされたことは、私たちのものなのです…」 –申命記 29:29

霊的な知識を求める私たちの探求には、危険が潜んでいます。それは、キリストとは別に力、光、そして神性を約束する「隠された知恵」の誘惑です。著名人のサークルから秘密のロッジまで、芸術から建築まで、欺瞞のパターンが世界中に蔓延し、探求者を**カバラ**、**神聖幾何学**、そして**神秘の教えといった難解な網へと引きずり込んでいます。**
これらは無害な知的探求ではありません。光を装った堕天使との霊的な契約への入り口なのです。

世界的な兆候

- **ハリウッドと音楽業界**- 多くの有名人が、ユダヤ教のオカルト的神秘主義に由来するカバラのブレスレットを身に着けたり、神聖なシンボル（生命の樹など）のタトゥーを彫ったりしています。
- **ファッションと建築**- フリーメーソンのデザインと神聖な幾何学模様（生命の花、六芒星、ホルスの目）が衣服、建物、デジタルアートに埋め込まれています。

- **中東およびヨーロッパ**- カバラ研究センターはエリート層の間で盛んに行われ、神秘主義と数秘術、占星術、天使の祈祷が融合されることが多い。
- **世界中のオンラインおよびニューエイジサークル**- YouTube、TikTok、ポッドキャストは、神聖幾何学とカバラの枠組みに基づいた「ライトコード」、「エネルギーポータル」、「3-6-9 の振動」、「神聖なマトリックス」の教えを標準化しています。

実話 — 光が嘘になるとき

スウェーデン出身の27歳のヤナさんは、お気に入りの歌手がカバラが「創造的な目覚め」をもたらしてくれたと教えてくれたことがきっかけで、カバラの探求を始めました。彼女は赤い糸のブレスレットを購入し、幾何学模様のマンダラで瞑想を始め、古代ヘブライ語の文献から天使の名前を学びました。
物事が変わり始めた。彼女の夢は奇妙なものになった。眠っている間、傍らに何かがいて、知恵を囁き、そして血を求めるのを感じた。影が彼女を追いかけてきたが、彼女はもっと光を渇望していた。
ついに彼女はネットで解放動画を見つけ、自分の苦しみが霊的な上昇ではなく、霊的な欺瞞だったことに気づきました。6ヶ月にわたる解放セッション、断食、そして家にあるカバラの品々をすべて燃やす生活を経て、彼女は平穏を取り戻し始めました。彼女は今、ブログを通して人々に警告を発しています。「偽りの光は私を破滅させそうになりました。」

道を見極める

カバラは、時に宗教的な装いをまといながらも、イエス・キリストを神への唯一の道として否定する。しばしば**「神聖なる自己」を崇め、チャネリング**や**生命の樹によるアセンションを推奨し、数学的神秘主義を用いて**力を呼び起こす。これらの実践は**霊的な扉を開く**が、それは天国への扉ではなく、光の担い手を装った存在への扉である。

多くのカバラの教義は以下と交差しています:

- フリーメイソン
- 薔薇十字団
- グノーシス主義
- ルシフェリアン啓蒙カルト

共通点は？キリスト抜きで神性を追求すること。

行動計画 - 偽りの光を暴き、排除する

1. カバラ、数秘術、神聖幾何学、あるいは「神秘学派」の教えに関わることをすべて**悔い改めなさい。**
2. 家の中にある、マンダラ、祭壇、カバラのテキスト、水晶のグリッド、神聖なシンボルのジュエリーなど、これらの慣習に関係する**物を破壊してください。**
3. **偽りの光の霊**（例：神秘的な形態のメタトロン、ラジエル、シェキーナ）を放棄し、すべての偽りの天使に去るように命じます。
4. キリストの単純さと十分さに**浸りましょう（コリントの信徒への手紙二 11:3）。**
5. **断食し**、目、額、手に油を塗り、すべての誤った知恵を放棄し、神のみに忠誠を誓います。

グループ申請

- 「光の教え」、数秘術、カバラのメディア、神聖なシンボルとの出会いを共有してください。
- グループで、「スピリチュアル」のように聞こえるがキリストに反するフレーズや信念（例：「私は神聖である」、「宇宙が与えてくれる」、「キリスト意識」）をリストアップします。
- *「イエスは世の光です」*を宣言しながら、一人一人に油を注ぎます。
- 神聖幾何学、神秘主義、または「神のコード」を参照する資料や物体はすべて燃やすか廃棄してください。

重要な洞察

サタンは破壊者として現れるのではありません。彼はしばしば光を照らす者として現れ、秘密の知識と偽りの光を提供します。しかし、その光はより深い闇へと導くだけです。

反省日記

- わたしはキリストを迂回する「霊的な光」に自分の霊を開いたことがあるだろうか。
- 無害だと思っていたのに、今ではポータルだと認識しているシンボル、フレーズ、またはオブジェクトはありますか?
- 私は個人的な知恵を聖書の真理よりも重視したことがあるだろうか。

救済の祈り

父なる神よ、私の魂を絡めとってきたあらゆる偽りの光、神秘的な教え、そして秘密の知識を放棄します。イエス・キリストだけが世界の真の光であることを告白します。カバラ、神聖幾何学、数秘術、そしてあらゆる悪魔の教義を拒絶します。今こそ、あらゆる偽りの霊を私の人生から根絶してください。私の目、私の考え、私の想像力、そして私の霊を清めてください。私は霊、魂、そして体において、あなただけのものです。イエスの御名によって。アーメン。

3日目2: 内なる蛇の霊 — 救いが遅すぎるとき

「彼らは姦淫の目を持ち…不安定な魂を誘惑し…バラムの道を歩み…永遠の暗黒が彼らのために用意されている。」 –ペテロの手紙二 2:14-17
「欺かれてはいけません。神は侮られるような方ではありません。人は自分の蒔いたものを刈り取るのです。」 –ガラテヤ人への手紙 6:7

悟りを装う、悪魔的な偽物が存在する。それは癒し、活力を与え、力を与える——しかし、それはほんの一時的なものだ。神聖な神秘を囁き、「第三の目」を開き、背骨の力を解き放ち——そして、**あなたを苦痛の奴隷にしてしまう**。
それは**クンダリーニ**。
蛇の霊。ニュー
エイジの偽りの「聖霊」。
ヨガ、瞑想、サイケデリック、トラウマ、あるいはオカルト儀式などによって活性化されると、この力は背骨の付け根に渦巻き、チャクラを通して炎のように昇ります。多くの人はこれを霊的な目覚めだと信じているようですが、実際には、神聖なエネルギーに偽装された**悪魔憑きなのです。**
しかし、それが**消えない場合はどうなるのでしょうか?**

実話 - 「止められない」
カナダに住む若いクリスチャン女性、マリッサは、キリストに人生を捧げる前に「クリスチャンヨガ」を少しだけ試したことがありました。彼女はその穏やかな感覚、波動、そして光の幻覚を愛していました。しかし、ある激しいセッションで背骨が「燃え上がる」のを感じた後、意識を失い、呼吸ができない状態で目が覚めました。その夜、何かが**彼女の眠りを苦しめ始めました**。彼女の体をねじり、夢の中で「イエス」として現れ、彼女を嘲笑うように。

彼女は五度も**救われた**。霊魂は去っては去るが、また戻ってくる。背骨は震え続け、目は常に霊界を見つめていた。体は不随意に動いていた。救われたにもかかわらず、彼女は今、ほとんどのクリスチャンが理解できない地獄を歩んでいる。霊は救われたが、魂は**蹂躙され、裂かれ、粉々に砕かれていた**。

誰も語らないその後

- **第三の目は開いたままです**: 絶え間ない幻覚、幻覚、霊的な雑音、嘘を語る「天使」。
- **体の振動が止まらない**：制御できないエネルギー、頭蓋骨の圧迫感、動悸。
- **容赦ない苦痛**: 10 回以上の解放セッションを経てもなお続く。
- **孤立**：牧師は理解しない。教会は問題を無視する。その人は「不安定」とレッテルを貼られる。
- **地獄への恐怖**：罪のためではなく、終わることのない苦しみのためです。

キリスト教徒は後戻りできない地点に到達できるでしょうか？

はい、この人生においては。**救われることはできます**が、**魂がばらばらになり、死ぬまで苦しみ続けることになります**。

これは恐怖をあおるものではありません。これは**預言的な警告**です。

世界的な事例

- **アフリカ**- 偽預言者が礼拝中にクンダリーニの火を放出すると、人々は痙攣したり、泡を吹いたり、笑ったり、怒号したりします。
- **アジア**- ヨガの達人が「シッディ」（悪魔憑き）に昇華し、それを神意識と呼んでいます。
- **ヨーロッパ/北米**- 「栄光の領域」を導き、吠え、笑い、制御不能に陥るネオカリスマ運動 – 神からのものではありません。
- **ラテンアメリカ**- アヤワスカ（植物性薬物）を使って閉じることのできない精神的な扉を開くシャーマンの覚醒。

行動計画 – やりすぎてしまった場合

1. **正確なポータルを告白する**：クンダリーニヨガ、第三の目瞑想、ニューエイジ教会、サイケデリックなど。
2. **救済を求める行為はすべてやめてください。** 恐怖を与え続けると、一部の霊はより長く苦しむことになります。
3. **聖書に心を留めてください。** 特に詩篇 119 章、イザヤ書 61 章、ヨハネによる福音書 1 章です。これらは魂を新たにします。
4. **共同体に従う**：聖霊に満たされた信者を少なくとも一人見つけて共に歩みましょう。孤立は悪魔に力を与えます。
5. たとえ神聖に感じられたとしても、**霊的な「視覚」、火、知識、エネルギーをすべて放棄してください。**

6. **神に慈悲を祈りなさい**。一度ではなく、毎日、毎時間、粘り強く。神はすぐにそれを取り除いてくれないかもしれませんが、あなたを支えてくださいます。

グループ申請

- 静かに考える時間を設けましょう。「霊的な純粋さよりも霊的な力を追い求めてきただろうか？」と自問してみてください。
- 容赦ない苦しみに苦しむ人々のために祈りなさい。すぐに自由になることを約束するのではなく、**弟子としての生き方を約束してください**。
- **御霊の実**（ガラテヤ5:22-23）と**魂の現れ**（震え、熱、幻）の違いを教える。
- チャクラシンボル、クリスタル、ヨガマット、本、オイル、「ジーザスカード」など、ニューエイジ関連のあらゆる物を燃やしたり破壊したりしてください。

重要な洞察

一線です。魂は救われるかもしれませんが…もしあなたがオカルトの光に汚されているなら、魂と肉体は依然として苦しみの中で生き続けるかもしれません。

反省日記

- 私は神聖さと真実よりも、力や火や預言的な洞察力を追い求めたことがあるだろうか。

- 私は「キリスト教化された」ニューエイジの実践を通じて扉を開いてきただろうか？
- 私は毎日神と共に歩む意志があるだろうか？

生存の祈り

父なる神よ、私は慈悲を叫び求めます。これまで触れてきた、あらゆる蛇の霊、クンダリーニの力、第三の目を開く力、偽りの火、ニューエイジの偽物、これらを放棄します。砕かれた魂を、あなたに捧げます。イエス様、罪だけでなく、苦しみからも私を救い出してください。私の門を閉ざしてください。私の心を癒してください。私の目を閉じてください。背骨の蛇を砕いてください。痛みの中でも、あなたを待ちます。そして、私は決して諦めません。イエス様の御名によって。アーメン。

33日目：内なる蛇の霊 — 救いが遅すぎるとき

「彼らは姦淫の目を持ち…不安定な魂を誘惑し…バラムの道を歩み…永遠の暗黒が彼らのために用意されている。」 –ペテロの手紙二 2:14-17
「欺かれてはいけません。神は侮られるような方ではありません。人は自分の蒔いたものを刈り取るのです。」 –ガラテヤ人への手紙 6:7

悟りを装う、悪魔的な偽物が存在する。それは癒し、活力を与え、力を与える——しかし、それはほんの一時的なものだ。神聖な神秘を囁き、「第三の目」を開き、背骨の力を解き放ち——そして、**あなたを苦痛の奴隷にしてしまう**。
それは**クンダリーニ**。
蛇の霊。ニュー
エイジの偽りの「聖霊」。
ヨガ、瞑想、サイケデリック、トラウマ、あるいはオカルト儀式などによって活性化されると、この力は背骨の付け根に渦巻き、チャクラを通して炎のように昇ります。多くの人はこれを霊的な目覚めだと信じているようですが、実際には、神聖なエネルギーに偽装された**悪魔憑きなのです。**
しかし、それが**消えない場合はどうなるのでしょうか**?

実話 - 「止められない」
カナダに住む若いクリスチャン女性、マリッサは、キリストに人生を捧げる前に「クリスチャンヨガ」を少しだけ試したことがありました。彼女はその穏やかな感覚、波動、そして光の幻覚を愛していました。しかし、ある激しいセッションで背骨が「燃え上がる」のを感じた後、意識を失い、呼吸ができない状態で目が覚めました。その夜、何かが**彼女の眠りを苦しめ始めました**。彼女の体をねじり、夢の中で「イエス」として現れ、彼女を嘲笑うように。

彼女は五度も**救われた**。霊魂は去っては去るが、また戻ってくる。背骨は震え続け、目は常に霊界を見つめていた。体は不随意に動いていた。救われたにもかかわらず、彼女は今、ほとんどのクリスチャンが理解できない地獄を歩んでいる。霊は救われたが、魂は**蹂躙され、裂かれ、粉々に砕かれていた**。

誰も語らないその後

- **第三の目は開いたままです**: 絶え間ない幻覚、幻覚、霊的な雑音、嘘を語る「天使」。
- **体の振動が止まらない**：制御できないエネルギー、頭蓋骨の圧迫感、動悸。
- **容赦ない苦痛**: 10 回以上の解放セッションを経てもなお続く。
- **孤立**：牧師は理解しない。教会は問題を無視する。その人は「不安定」とレッテルを貼られる。
- **地獄への恐怖**：罪のためではなく、終わることのない苦しみのためです。

キリスト教徒は後戻りできない地点に到達できるでしょうか？

はい、この人生においては。**救われることはできます**が、**魂がばらばらになり、死ぬまで苦しみ続けることになります**。

これは恐怖をあおるものではありません。これは**預言的な警告です**。

世界的な事例

- **アフリカ**- 偽預言者が礼拝中にクンダリーニの火を放出すると、人々は痙攣したり、泡を吹いたり、笑ったり、怒号したりします。
- **アジア**- ヨガの達人が「シッディ」（悪魔憑き）に昇華し、それを神意識と呼んでいます。
- **ヨーロッパ/北米**- 「栄光の領域」を導き、吠え、笑い、制御不能に陥るネオカリスマ運動 – 神からのものではありません。
- **ラテンアメリカ**- アヤワスカ（植物性薬物）を使って閉じることのできない精神的な扉を開くシャーマンの覚醒。

行動計画 – やりすぎてしまった場合

1. **正確なポータルを告白する**：クンダリーニヨガ、第三の目瞑想、ニューエイジ教会、サイケデリックなど。
2. **救済を求める行為はすべてやめてください**。恐怖を与え続けると、一部の霊はより長く苦しむことになります。
3. **聖書に心を留めてください**。特に詩篇 119 章、イザヤ書 61 章、ヨハネによる福音書 1 章です。これらは魂を新たにします。
4. **共同体に従う**：聖霊に満たされた信者を少なくとも一人見つけて共に歩みましょう。孤立は悪魔に力を与えます。
5. たとえ神聖に感じられたとしても、**霊的な「視覚」、火、知識、エネルギーをすべて放棄してください**。

6. **神に慈悲を祈りなさい**。一度ではなく、毎日、毎時間、粘り強く。神はすぐにそれを取り除いてくれないかもしれませんが、あなたを支えてくださいます。

グループ申請

- 静かに考える時間を設けましょう。「霊的な純粋さよりも霊的な力を追い求めてきただろうか？」と自問してみてください。
- 容赦ない苦しみに苦しむ人々のために祈りなさい。すぐに自由になることを約束するのではなく、**弟子としての生き方を約束してください**。
- **御霊の実**（ガラテヤ5:22-23）と**魂の現れ**（震え、熱、幻）の違いを教える。
- チャクラシンボル、クリスタル、ヨガマット、本、オイル、「ジーザスカード」など、ニューエイジ関連のあらゆる物を燃やしたり破壊したりしてください。

重要な洞察

一線です。魂は救われるかもしれませんが…もしあなたがオカルトの光に汚されているなら、魂と肉体は依然として苦しみの中で生き続けるかもしれません。

反省日記

- 私は神聖さと真実よりも、力や火や預言的な洞察力を追い求めたことがあるだろうか。

- 私は「キリスト教化された」ニューエイジの実践を通じて扉を開いてきただろうか？
- 私は**毎日**神と共に歩む意志があるだろうか？

生存の祈り

父なる神よ、私は慈悲を叫び求めます。これまで触れてきた、あらゆる蛇の霊、クンダリーニの力、第三の目を開く力、偽りの火、ニューエイジの偽物、これらを放棄します。砕かれた魂を、あなたに捧げます。イエス様、罪だけでなく、苦しみからも私を救い出してください。私の門を閉ざしてください。私の心を癒してください。私の目を閉じてください。背骨の蛇を砕いてください。痛みの中でも、あなたを待ちます。そして、私は決して諦めません。イエス様の御名によって。アーメン。

34日目：メイソン、掟、呪い ― 兄弟愛が束縛となるとき

「実を結ばない暗闇の業に付き従うのではなく、むしろそれを暴露しなさい。」 –エペソ人への手紙5章11節

「彼らや彼らの神々と契約を結んではならない。」 –出エジプト記23章32節

秘密結社は成功、人脈、そして古代の叡智を約束する。彼らは**誓約、学位、そして**「善良な人々のために」伝承されてきた秘密を提供する。しかし、ほとんどの人が気づいていないのは、これらの結社が**契約の祭壇であり**、しばしば血、欺瞞、そして悪魔への忠誠の上に築かれているということだ。

フリーメイソンからカバラ、薔薇十字団からスカル・アンド・ボーンズまで、これらの組織は単なるクラブではありません。闇の中で結ばれ、**何世代にもわたって呪い**の儀式によって封印された、**精神的な契約なのです**。

自ら進んで参加した者もいれば、先祖が参加した者もいた。

いずれにせよ、呪いは解かれるまで続く。

隠された遺産 ― ジェイソンの物語

アメリカで成功した銀行家、ジェイソンは、美しい家族、富、そして影響力と、全てが順調だった。しかし、夜になると窒息して目が覚め、フードをかぶった人物が現れ、夢の中で呪文が聞こえてくる。彼の祖父は

33階級のフリーメイソンで、ジェイソンは今でも指輪をはめていた。
彼はかつて、クラブのイベントで冗談めかしてフリーメイソンの誓いを口にしたことがある。しかし、その瞬間、**何かが彼の中に入り込んできた**。彼の精神は崩壊し始めた。声が聞こえた。妻は彼のもとを去った。彼は全てを終わらせようとした。
ある修行の場で、ある人物がフリーメーソンとの繋がりに気づきました。ジェイソンは涙を流しながら、**あらゆる誓いを放棄し**、指輪を壊し、 3時間にわたる解放の儀式を受けました。その夜、彼は数年ぶりに安らかに眠りにつきました。
彼の証言？
「秘密の祭壇を冗談で片付けてはいけません。彼らは語りかけてくるのです。イエスの名において黙らせるまでは。」

兄弟愛のグローバルウェブ

- **ヨーロッパ**- フリーメイソンはビジネス、政治、教会の宗派に深く根付いています。
- **アフリカ**- 魂と引き換えに富を提供するイルミナティと秘密結社、大学のカルト。
- **ラテンアメリカ**- イエズス会の浸透とフリーメーソンの儀式がカトリックの神秘主義と混ざり合っている。
- **アジア**- 古代の神秘学校、世代を超えた誓いに結びついた寺院の聖職者。
- **北米**- イースタン スター、スコティッシュライト、スカル & ボーンズなどの友愛会、ボヘミアン グローブ エリート。

これらのカルトはしばしば「神」を持ち出すが、**聖書の神ではなく、ルシファーの光**に結びついた非人格的な力である**偉大な設計者**を指す。

影響を受けている兆候

- 医師が説明できない慢性疾患。
- 昇進することへの恐怖、または家族制度から抜け出すことへの恐怖。
- ローブ、儀式、秘密の扉、ロッジ、または奇妙な儀式に関する夢。
- 男性系の鬱病または精神異常。
- 不妊、虐待、恐怖に苦しむ女性たち。

救出行動計画

1. **知られているすべての誓約を放棄してください。特に、あなたやあなたの家族がフリーメイソン、**薔薇十字団、イースタン・スター、カバラ、または何らかの「同胞団」の一員であった場合はなおさらです。
2. 入門から 33 段階まで、名前ごとに**すべての段階をクリアします。**
3. 指輪、エプロン、本、ペンダント、証明書など、**すべてのシンボルを破壊します。**
4. 祈りと宣言を通して、霊的にも法的にも**門を閉じてください。**

以下の聖句を使ってください。

- イザヤ書 28:18 –「死と結んだあなたの契約は破棄される。」
- ガラテヤ3:13 –「キリストは私たちを律法の呪いから贖い出してくださいました。」

- エゼキエル13:20-23 –「わたしはあなたがたの覆いを裂き、わたしの民を解放する。」

グループ申請

- メンバーの誰かに、両親または祖父母が秘密結社に所属していたかどうかを尋ねます。
- **ガイド付きの放棄**を主導します(このための印刷されたスクリプトを作成できます)。
- 象徴的な行為を用いましょう。儀式で開かれた「第三の目」を無効にするには、古い指輪を燃やしたり、額に十字を描いたりします。
- 心、首、背中に祈りを捧げてください。これらは束縛されやすい場所です。

重要な洞察

キリストの血を伴わない兄弟愛は、束縛された兄弟愛に過ぎません。

あなたは、人との契約か、神との契約か、どちらかを選ばなければなりません。

反省日記

- 私の家族の中にフリーメイソン、神秘主義、または秘密の誓いに関わっている人がいますか?
- 知らないうちに、秘密結社に関係する誓約、信条、またはシンボルを暗唱したり、真似したりしたことがありますか?
- わたしは神の契約に完全に従うために家族の伝統を破る覚悟があるだろうか。

放棄の祈り

父なる神よ、イエスの御名によって、私はフリーメイソン、カバラ、あるいはあらゆる秘密結社と結び

ついたあらゆる契約、誓約、儀式を、私の人生、そして血統において放棄します。あらゆる階級、あらゆる嘘、そして儀式や象徴を通して与えられたあらゆる悪魔的な権利を、私は打ち砕きます。イエス・キリストこそが私の唯一の光であり、私の唯一の設計者であり、私の唯一の主であることを宣言します。今、私はイエスの御名によって自由を受け取ります。アーメン。

35日目：教会の席に座る魔女たち ― 悪魔が教会の扉から侵入するとき

「彼らは偽使徒、欺く働き人であり、キリストの使徒に変装しているのです。それも当然です。サタンでさえ光の天使に変装するのですから。」 –コリント人への第二の手紙 11:13-14
「わたしはあなたの行い、あなたの愛と信仰を知っている。…しかし、あなたに対して一つ非難すべきことがある。あなたは、自らを女預言者と称するイゼベルという女を容認している。」 –黙示録 2:19-20

最も危険な魔女は、夜に飛ぶ魔女ではありません。
教会であなたの隣に座っている魔女です。
彼らは黒いローブを着ることも、ほうきに乗ることもしません。
祈祷会を主導し、賛美歌隊で歌い、異言で預言し、教会の牧師を務めます。それでも…彼らは**闇の運び屋なのです**。
中には、自分が何をしているのかをはっきりと理解している者もいる。彼らは霊的な暗殺者として遣わされているのだ。また、先祖伝来の魔術や反逆の犠牲者となり、
汚れた賜物を用いて行動する者もいる。

教会を隠れ蓑に― 「ミリアム」の物語

ミリアムは西アフリカの大きな教会で人気の高い解放の牧師でした。彼女の声は悪霊を追い払うように命じ

ました。人々は彼女に油を注がれるために国々を旅しました。
しかし、ミリアムには秘密があった。夜になると、彼女は肉体を離れて旅をするのだ。教会員たちの家や弱点、血統を見るのだ。彼女はそれを「予言」だと思っていた。
彼女の力は強まった。しかし、苦しみも増していった。
声が聞こえるようになり、眠れなくなった。子供たちは襲われ、夫は彼女を捨てた。
彼女はついに告白した。彼女は子供の頃、強力な魔女である祖母によって「活性化」され、呪われた毛布の下で眠らされていたのだという。
「聖霊に満たされていると思っていました。それは霊でしたが…聖なるものではありませんでした。」
彼女は救出を受けました。しかし、戦いは止むことはありませんでした。彼女は言います。
「もし告白していなかったら、教会の祭壇の上で火の中で死んでいたでしょう。」

教会における隠された魔術の世界的状況

- **アフリカ**– 霊的な羨望。預言者は占い、儀式、水の精霊を用いる。多くの祭壇は実際にはポータルである。
- **ヨーロッパ**– 「スピリチュアルコーチ」を装う霊能者。ニューエイジ・キリスト教に包み込まれた魔術。
- **アジア**- 寺院の巫女が教会に入り、呪いをかけたり、アストラルモニターの改宗者を派遣したりする。

- **ラテンアメリカ**–サンテリア教を実践する「牧師」たちは、解放を説きながら夜には鶏を犠牲にする。
- **北米**- 「イエスとタロット」を主張するキリスト教の魔女、教会のステージ上のエネルギーヒーラー、フリーメイソンの儀式に関与する牧師。

教会で魔術が働いている兆候

- 礼拝中に重苦しい雰囲気や混乱が生じる。
- 礼拝後に蛇、セックス、動物に関する夢を見る。
- 指導者が突然罪やスキャンダルに陥る。
- 操作したり、誘惑したり、恥をかかせたりする「予言」。
- 「あなたは私の夫/妻だと神様がおっしゃいました」と言う人は誰でも
- 説教壇や祭壇の近くで見つかった奇妙な物体。

救出行動計画

1. **識別力を求めて祈りましょう**。あなたの仲間の中に隠れた魔女がいるかどうか明らかにするよう聖霊に求めてください。
2. **すべての霊を試しなさい**。たとえそれが霊的なように聞こえたとしても。（ヨハネ第一 4:1）
3. **魂のつながりを断ち切る**– 汚れた誰かに祈られたり、預言されたり、触れられたりした場合は、**それを断ち切ります**。

4. **あなたの教会のために祈りましょう**。隠された祭壇、隠れた罪、霊的な寄生をすべて暴露するために神の火を宣言してください。
5. **被害に遭われた方は**、助けを求めてください。黙ったり、一人で悩んだりしないでください。

グループ申請

- グループのメンバーに質問します：教会の礼拝中に不快感を覚えたり、精神的に傷つけられたりしたことはありますか?
- 仲間のために**集団で浄化の祈り**を導きます。
- すべての人に油を注ぎ、心、祭壇、贈り物の周りに**霊的なファイアウォールを宣言します。**
- 、人々を目に見える役割に就かせる前に、**才能を審査し**、**精神を試す**方法を教えます。

重要な洞察

「主よ、主よ」と言う人が皆、主から来ているわけではありません。

教会は霊的汚染の**主戦場です**が、真理が守られる時には癒しの場にもなります。

反省日記

- 人生で不浄な実を結んだ人から祈りや教え、あるいは指導を受けたことがあるだろうか。
- 教会の後で「何かおかしい」と感じたのに、それを無視したことがありますか。
- たとえスーツを着ていたり、ステージで歌っていたとしても、私は魔術に立ち向かう覚悟がありますか？

露出と自由の祈り

主イエスよ、真の光であられるあなたに感謝します。私の人生と交わりの中で、あるいはその周囲で活動する、あらゆる隠れた闇の工作員を暴いてください。霊的な詐欺師たちから受けた、あらゆる不浄な教え、偽りの預言、そして魂の繋がりを放棄します。あなたの血によって私を清めてください。私の賜物を清めてください。私の門を守ってください。あなたの聖なる炎によって、あらゆる偽りの霊を焼き尽くしてください。イエスの御名によって。アーメン。

36日目：暗号化された呪文 ― 歌、ファッション、映画がポータルになるとき

「実を結ばない暗闇の業に加わらないで、むしろそれを暴露しなさい。」 ―エペソ人への手紙 5:11
「不敬虔な神話や迷信に惑わされず、むしろ敬虔な者となるよう自分を訓練しなさい。」 ―テモテへの手紙一 4:7

すべての戦いが血の犠牲から始まるわけではない。
ビートから始まる戦いもある。
メロディー。心に深く刻まれるキャッチーな歌詞。あるいは「かっこいい」と思っていた服の
シンボル。あるいは、影で悪魔が嗄れている中、夢中で見ていた「無害」な番組。
今日のハイパーコネクテッドな世界では、魔術は**暗号化されており**、メディア、音楽、映画、ファッションを通じて、**ありふれた光景**に隠れています。

暗い音 – 実話：「ヘッドフォン」
アメリカに住む17歳のエリヤは、パニック発作、不眠、そして悪魔の夢を見るようになりました。クリスチャンである両親は、ストレスが原因だと思いました。しかし、解放セッション中に、聖霊はチームに彼の
音楽について尋ねるように指示しました。
彼はこう告白した。「トラップメタルを聴きます。暗い曲だとは分かっていますが…でも、力強い気持ちになれるんです。」

チームが祈りの中で彼のお気に入りの曲の一つを演奏したとき、ある**現象**が起こった。
ビートにはオカルト儀式の**詠唱トラックがエンコードされていた**。逆再生すると、「魂を服従させよ」や「ルシファーが語る」といったフレーズが浮かび上がった。
エリヤが音楽を消し、悔い改め、繋がりを断つと、平和が戻った。
戦争は彼の**耳の門から侵入していたのだ**。

グローバルプログラミングパターン

- **アフリカ**- 金銭儀式に結びついたアフロビートの歌、歌詞に隠された「ジュジュ」への言及、海洋王国のシンボルを使ったファッションブランド。
- **アジア**- 潜在意識に性的メッセージや霊を呼び起こすメッセージを盛り込んだ K-POP、神道の悪魔の伝承が吹き込まれたアニメキャラクター。
- **ラテンアメリカ**-サンテリアの聖歌と逆順にコード化された呪文を推進するレゲトン。
- **ヨーロッパ**- ファッションハウス（グッチ、バレンシアガ）が悪魔的なイメージや儀式をランウェイ文化に取り入れています。
- **北米**- 魔術を暗示するハリウッド映画（マーベル、ホラー、「光対闇」の映画）、呪文を楽しむ漫画。

Common Entry Portals (and Their Spirit Assignments)

Media Type	Portal	Demonic Assignment
Music	Beats/samples from rituals	Torment, violence, rebellion
TV Series	Magic, lust, murder glorification	Desensitization, soul dulling
Fashion	Symbols (serpent, eye, goat, triangles)	Identity confusion, spiritual binding
Video Games	Sorcery, blood rites, avatars	Astral transfer, addiction, occult alignment
Social Media	Trends on "manifestation," crystals, spells	Sorcery normalization

行動計画 - 識別、解毒、防御

1. **プレイリスト、ワードローブ、視聴履歴を見直しましょう**。オカルト、好色、反抗的、暴力的なコンテンツがないか確認しましょう。
2. **を明らかにするよう聖霊に求めなさい**。
3. **削除して破壊してください**。売ったり寄付したりしないでください。物理的なものでもデジタルなものでも、悪魔的なものはすべて燃やすかゴミ箱に捨ててください。
4. **あなたの機器**、部屋、そして耳に油を注ぎなさい。神の栄光のために、それらを聖別したと宣言しなさい。
5. **真実に置き換えましょう**：心を新たにする礼拝用の音楽、敬虔な映画、本、聖書の朗読。

グループ申請

- メンバーを率いて「メディアインベントリ」を実施します。各自に、ポータルになりそうな番組、曲、アイテムなどを書き留めてもらいます。
- 携帯電話とヘッドフォンに祈りを捧げてください。それらに聖別を与えてください。
- グループで「デトックス断食」をしましょう。3〜7日間、世俗的なメディアを一切断ち、神の言葉、礼拝、そして交わりだけを糧にしましょう。
- 次の会議で結果を証言します。

重要な洞察
悪魔はもうあなたの家に入るために祠を必要としません。必要なのは、あなたがプレイボタンを押す許可だけです。

反省日記

- 私がこれまで見たり、聞いたり、着たりしたことの中に、抑圧につながるようなものがあるだろうか。
- それが私を奴隷にしているのなら、私を楽しませてくれるものを手放す覚悟はあるだろうか？
- 私は「芸術」の名の下に、反抗、欲望、暴力、嘲笑を常態化してしまったのだろうか？

浄化の祈り
主イエス様、私はあなたの前に進み出て、完全な霊的デトックスを求めます。音楽、ファッション、ゲ

ーム、メディアを通して私の人生に招き入れてきた、あらゆる呪縛を暴いてください。あなたを辱めるものを見、着、そして聞いた事を悔い改めます。今日、私は魂の絆を断ち切ります。反抗、魔術、情欲、混乱、そして苦悩のあらゆる霊を追い払います。私の目、耳、そして心を清めてください。今、私の体、メディア、そして選択をあなただけに捧げます。イエス様の御名によって。アーメン。

37日目：見えない権力の祭壇 — フリーメイソン、カバラ、オカルトエリート

「悪魔は再びイエスを非常に高い山に連れて行き、世界のすべての国々とその栄華を見せて言った。『もしあなたがひれ伏して私を拝むなら、これを皆あなたにあげよう。』」 –マタイによる福音書 4:8-9
「あなたは主の杯と悪霊の杯を両方飲むことはできません。主の食卓と悪霊の食卓の両方につくことはできません。」 –コリント人への第一の手紙 10:21

祭壇は洞窟ではなく会議室に隠されています。
霊はジャングルだけではなく、政府庁舎、金融タワー、アイビーリーグの図書館、そして「教会」に偽装した聖域にも存在する。

エリートオカルトの領域へようこそ。
フリーメイソン、薔薇十字団、カバラ、イエズス会、イースタン・スターズ、そしてルシフェリアンの隠れ聖職者たち。彼らは**サタンへの信仰を儀式、秘密、そして象徴の中に包み隠しています**。彼らの神は理性、力、そして古代の知識ですが、彼らの**魂は闇に誓われています**。

ありふれた光景に隠された

- **フリーメイソン**は建築者の友愛団体という外見を装っているが、その高位階級では悪魔の存在を召喚し、死の誓いを立て、ルシファーを「光の担い手」として崇めている。

- **カバラは**神への神秘的な接近を約束しているが、ヤハウェの代わりに宇宙のエネルギーマップと数秘術を巧みに取り入れている。
- **イエズス会の神秘主義は**、その堕落した形では、カトリックのイメージと世界システムの精神的な操作および制御を融合させることが多い。
- **ハリウッド、ファッション、金融、政治は**すべて、暗号化されたメッセージ、シンボル、そして**実際にはルシファーへの崇拝である公共の儀式を運んでいます**。

影響を受けるのに有名人である必要はありません。これらのシステムは、次のような方法で**国家を汚染します**。

- メディアプログラミング
- 教育システム
- 宗教的妥協
- 経済的依存
- 「入会式」「誓約式」「ブランド取引」を装った儀式

実話 - 「ロッジが私の家系を台無しにした」

イギリス出身の実業家ソロモン（仮名）は、人脈作りのためにフリーメイソンのロッジに入会した。彼は瞬く間に出世し、富と名声を手に入れた。しかし同時に、恐ろしい悪夢を見るようになった。マントをまとった男たちに召喚され、血の誓いを立てられ、暗い獣に追いかけられる夢だ。娘は自傷行為を始め、「何かの存在」に駆り立てられたと主張した。

ある夜、彼は自分の部屋に半人半ジャッカルの男が現れ、 *「お前は私のものだ。代償は払われた」と言った*。彼は解放を求める宣教団体に助けを求めた。7ヶ

月間、禁欲、断食、嘔吐の儀式、そしてあらゆるオカルトとの繋がりを断ち切る努力を重ね、ようやく平穏が訪れた。

彼は後に、**祖父が33階級の石工だったことを知った。彼は知らず知らずのうちに、その伝統を受け継いでいたのだ。**

グローバルリーチ

- **アフリカ**- 部族の支配者、裁判官、牧師の間で秘密結社が作られ、権力と引き換えに血の誓いを立てて忠誠を誓っている。
- **ヨーロッパ**- マルタ騎士団、イルミナティのロッジ、エリートの秘教大学。
- **北米**- ほとんどの設立文書、裁判所組織、さらには教会の下にあるフリーメーソンの基盤。
- **アジア**- 隠された龍のカルト、祖先の教団、そして仏教とシャーマニズムの融合に根ざした政治団体。
- **ラテンアメリカ**- カトリックの聖人とサンタ・ムエルテやバフォメットのようなルシフェリアンの霊を融合させたカルト。

行動計画 – エリートの祭壇からの脱出

1. フリーメイソン、イースタンスター、イエズス会の誓い、グノーシス派の書籍、神秘主義の体系への関与を一切**放棄してください。そのようなものに関する「学術的な」研究もすべて放棄してください。**
2. 制服、指輪、ピン、本、エプロン、写真、シンボルなど**を破壊します。**
3. **言葉による呪いを破りましょう**。特に死の誓いや入信の誓約は破りましょう。イザヤ書28章

18節（「死と結んだあなたの契約は破棄される…」）を引用しましょう。

4. エゼキエル書 8章、イザヤ書 47章、黙示録 17章を読みながら**3日間断食します。**
5. **祭壇を置き換える**：キリストのみの祭壇に自分自身を再び捧げましょう（ローマ12:1-2）。聖餐。礼拝。塗油。

天国の宮廷とルシファーの宮廷に同時にいることはできません。祭壇を選びなさい。

グループ申請

- あなたの地域の一般的なエリート組織を地図上に描き出し、その霊的な影響に対して直接祈りを捧げてください。
- メンバーが自分の家族がフリーメイソンや類似のカルトに関わっていたかどうかを秘密裏に告白できるセッションを開催します。
- 油と聖餐を持ってきて、秘密裏に行われた誓いや儀式、封印を集団で放棄しましょう。
- プライドを捨てて、グループに**次のことを思い出させましょう：アクセスはあなたの魂に値しません。**

重要な洞察

秘密結社は光を約束する。しかし、世の光はイエスだけだ。他の祭壇は血を要求するが、救うことはできない。

反省日記

- 私の血統の中に秘密結社や「組織」に関わっている人はいたのでしょうか?
- 学術書を装ったオカルト本を読んだり所有したりしたことがありますか?

- 私の衣服、芸術品、または宝石にはどのようなシンボル（五芒星、万物を見通す目、太陽、蛇、ピラミッド）が隠されているのでしょうか？

放棄の祈り

父なる神よ、私はイエス・キリストに基づかないあらゆる秘密結社、ロッジ、誓約、儀式、祭壇を放棄します。私は父祖たちの誓約、血統、そして私自身の言葉を破ります。私はフリーメイソン、カバラ、神秘主義、そして権力のために結ばれたあらゆる秘密協定を拒絶します。私は光を約束しながらも束縛をもたらすあらゆる象徴、あらゆる封印、そしてあらゆる嘘を破壊します。イエスよ、私はあなたを再び私の唯一の主として即位させます。あなたの光をあらゆる秘密の場所に照らしてください。あなたの御名によって、私は自由に歩みます。アーメン。

38日目：子宮の契約と水の王国 — 誕生前に運命が汚されるとき

「悪人は胎内から遠ざかり、生まれるとすぐに迷い、偽りを語る。」 –詩篇58:3
「わたしは、あなたを胎内に形づくる前からあなたを知っていた。あなたが生まれる前から、わたしはあなたを聖別していた。」 –エレミヤ1:5
あなたが戦っている戦いがあなたの選択から始まったのではなく、あなたの概念から始まったとしたらどうでしょうか?
あなたがまだお腹の中にいる間に、暗い場所であなたの名前が呼ばれていたらどうでしょう？

あなたが初めて息をする前に、**あなたのアイデンティティが交換され**、あなたの**運命が売られ**、あなたの**魂に刻印が刻まれたと**したらどうでしょう？
何世代にもわたって結びついている海中の儀式、**海の精霊との契約**、そして**神秘的な子宮の主張**の現実です。

水の王国 – 下にはサタンの玉座
目に見えない領域において、サタンは**空気だけを支配しているのではありません**。彼はまた、海、川、湖の底に広がる、精霊、祭壇、儀式からなる広大な悪魔のネットワーク、つまり**海の世界も支配しています**。

海洋精霊（一般的に*マミ・ワタ*、*海岸の女王*、*精霊の妻/夫*などと呼ばれます）は、次の責任を負います。

- 早すぎる死
- 不妊と流産
- 性的束縛と夢
- 精神的苦痛
- 新生児の病気
- ビジネスの興亡パターン

しかし、これらのスピリッツはどのようにして**法的根拠を得るのでしょうか**?
子宮にて。
誕生前の目に見えない儀式

- **先祖への捧げ物**- 健康に生まれた場合、神に「約束された」子供。
- 妊娠中に子宮に触れる**オカルトの巫女。**
- 家族によって付けられた**契約名– 知らないうちに海の女王や精霊に敬意を表している。**
- 川の水、お守り、または神社の薬草などを使って行われる**出産の儀式。**
- **臍の緒を埋葬する**。
- **オカルト環境**（例：フリーメーソンロッジ、ニューエイジセンター、一夫多妻制のカルト）での妊娠。

生まれながらにして奴隷状態にある子供もいる。だからこそ、生まれた瞬間に激しく叫ぶのだ。彼らの魂は闇を感知する。

実話 - 「私の赤ちゃんは川に属していました」
シエラレオネ出身のジェシカさんは5年間、妊活を続けていました。そしてついに、「預言者」から入浴用の石鹸と子宮に塗るオイルをもらったことで妊娠しました。赤ちゃんは元気に生まれましたが、生後3ヶ月になると、夜泣きが止まらなくなりました。水が嫌いで、お風呂に入ると泣き叫び、川辺に連れて行かれると震えが止まりませんでした。
ある日、息子が痙攣を起こし、4分間息を引き取りました。しかし、**9ヶ月で意識を取り戻し、ようやく言葉を話し始めました**。「僕はここにいるべきじゃない。女王様のものなんだ」。
恐怖に駆られたジェシカは、救いを求めました。息子は14日間の断食と放棄の祈りの末、ようやく解放されました。夫は村に隠していた一族の偶像を破壊し、ようやく苦しみは収まりました。
赤ちゃんは何も持たずに生まれてくるわけではありません。私たちが彼らのために戦わなければならない戦いの中に生まれてくるのです。

グローバルパラレルズ

- **アフリカ**- 川の祭壇、マミ・ワタの奉納、胎盤の儀式。
- **アジア**- 仏教やアニミズムの誕生の際に呼び出される水の精霊。
- **ヨーロッパ**- ドルイドの助産師の契約、先祖伝来の水の儀式、フリーメーソンの奉納。
- **ラテンアメリカ**- サンテリアの命名、川の精霊（例：オシュン）、占星術チャートによる誕生。
- **北米**- ニューエイジの出産儀式、霊的導きによる催眠出産、霊媒師による「祝福の儀式」。

子宮から始まる束縛の兆候

- 世代を超えて繰り返される流産パターン
- 乳児および小児の夜驚症
- 医師の診断にもかかわらず原因不明の不妊症
- 水の夢を頻繁に見る（海、洪水、水泳、人魚）
- 水や溺れることに対する不合理な恐怖
- 「主張されている」と感じる – まるで生まれたときから何かに見張られているかのように

行動計画 – 子宮の誓約を破る

1. あなた（またはあなたの子ども）が子宮の儀式を通じて入信したかどうかを明らかにするよう**聖霊に求めてください。**
2. 妊娠中に交わしたあらゆる誓約を、故意か無意識かを問わず**放棄します。**
3. **あなた自身の誕生の物語について祈りましょう**。たとえあなたの母親がそばにいなくても、あなたの人生の法的霊的門番として話してください。
4. **イザヤ書 49 章と詩篇 139 篇に従って断食し**、神聖な青写真を取り戻しましょう。
5. **妊娠している場合**：お腹に油を塗り、生まれてくる子供に毎日話しかけてください。

「あなたは主のために聖別されています。水、血、闇の霊はあなたを所有することはできません。あなたは体も魂も霊もイエス・キリストのものです。」

グループ申請

- 参加者に、儀式、助産師、命名イベントなど、出産の物語について知っていることを書き留めてもらいます。

- 両親に「キリストを中心とした命名と聖約の儀式」で子供たちを新たに献身するよう勧めます。
- *イザヤ書 28:18* 、*コロサイ人への手紙 2:14* 、*黙示録 12:11*を用いて、水の聖約を破る祈りを導きます。

重要な洞察

子宮は門であり、そこを通過するものはしばしば霊的な重荷を背負って入ってきます。しかし、子宮の祭壇の中で十字架よりも偉大なものはありません。

反省日記

- 私の受胎や出産に関係した物、オイル、お守り、または名前はありましたか?
- 子どものころから始まった霊的な攻撃を経験していますか?
- 私は知らないうちに海洋協定を子供たちに引き継いでしまったのでしょうか?

解放の祈り

天の父なる神よ、あなたは私が形づくられる前から私を知っていました。今日、私は誕生時あるいはそれ以前に行われた、あらゆる隠された契約、水の儀式、そして悪魔の献身を破ります。海の精霊、使い魔、そして世代を超えた子宮の祭壇に関するあらゆる主張を拒絶します。イエスの血によって、私の誕生の物語と子供たちの物語を書き換えてください。私は聖霊によって生まれたのです。水の祭壇によって生まれたのではありません。イエスの御名によって。アーメン。

39日目：水によって奴隷にされる ― 幼児、イニシャル、そして目に見えない契約がどのように扉を開くのか

「彼らは罪のない血、すなわちカナンの偶像に捧げた息子や娘の血を流し、その血によって国は汚された。」 ―詩篇106:38
「勇士から略奪品を奪い、勇敢な者から捕虜を救い出すことはできるだろうか？」しかし、主はこう言われる。「確かに、勇士から捕虜を奪い、勇敢な者から略奪品を奪い取る…」 ―イザヤ49:24-25

大人になってから狂わされただけではなく、**幼少期に乗っ取られたのです**。
一見無害に見える命名式…
「子供を祝福するため」に川の水に浸かる儀式…
手に握ったコイン…舌の下の切り傷…「霊的なおばあちゃん」からもらったオイル…誕生時に与えられたイニシャルまで…
それらはすべて文化的で、伝統的で、無害であるように見えるかもしれません。
しかし、暗黒の王国は**伝統の中に隠れており**、多くの子供たちは「イエス」と言う前に**密かに入信させられています。**

実話 - 「私は川に名付けられました」
マリックという名の少年は、川や嵐に対する奇妙な恐怖心を抱いて育ちました。幼い頃、祖母に連れられて小川へ行き、「精霊に会わせて」守ってもらいます。

7歳になると声が聞こえるようになり、10歳になると夜中に幽霊が現れます。14歳になると、常に傍らに「存在」を感じ、自殺を図ります。
解放集会で、悪霊たちが激しく現れ、「川から入った！名前を呼ばれた！」と叫びました。彼の「マリック」という名前は、「川の女王に敬意を表す」という霊的な命名の伝統の一部でした。キリストによって改名されるまで、苦しみは続きました。彼は現在、先祖伝来の儀式に囚われた若者たちを解放するために奉仕しています。

どのように起こるのか — 隠された罠

1. **契約としてのイニシャル**
   一部のイニシャル、特に祖先の名前、家族の神、または水の神に結び付けられたもの（例：「MM」= マミ/マリン、「OL」= オヤ/オリシャの血統）は、悪魔の署名として機能します。
2. **乳児を川や小川に浸す**
   「保護」または「浄化」のために行われるこの儀式は、多くの場合、**海の精霊への洗礼です**。
3. **秘密の命名儀式**
   祭壇や神社の前で、別の名前（公の名前とは異なる）がささやかれたり、話されたりします。
4. **母斑の儀式**
   子供の額や手足に油、灰、または血を塗って、霊のために「印をつける」儀式。
5. **水に浸した臍の緒の埋葬**
   臍の緒を川や小川に流したり、水の呪文とともに埋めて、子供を水の祭壇に縛り付けます。

もしあなたの両親があなたをキリストと契約させなかったなら、おそらく他の誰かがあなたをキリストと認めたでしょう。

世界的なオカルト子宮結合の実践

- **アフリカ**- 赤ちゃんに川の神々にちなんで名前を付け、海の祭壇の近くに紐を埋める。
- **カリブ海/ラテンアメリカ**- サンテリアの洗礼の儀式、ハーブや川の品々を使ったヨルバ様式の奉納。
- **アジア**- ガンジス川の水に関わるヒンズー教の儀式、元素の精霊に結びついた占星術的に計算された命名。
- **ヨーロッパ**- 森や水の守護者を想起させるドルイド教的または秘教的な命名の伝統。
- **北米**- 先住民族の儀式の奉納、現代のウィッカの赤ちゃんの祝福、「古代のガイド」に祈願する新時代の命名儀式。

どうすればわかるのでしょうか?

- 原因不明の幼少期の苦しみ、病気、あるいは「空想上の友達」
- 川、人魚、水に追われる夢
- 教会への嫌悪感と神秘的なものへの興味
- 生まれたときから「監視されている」という強い感覚
- 幼少期にまつわる第二の名前や知られざる儀式を発見する

行動計画 - 幼少期を救おう

1. **聖霊に尋ねてください**。私が生まれたとき何が起こったのでしょうか？どのような霊的な手が私に触れたのでしょうか？
2. **隠れた献身をすべて放棄します**。「私は、主イエス・キリストに対してではない、私のために立てられたすべての契約を拒否します。」
3. **先祖の名前、イニシャル、トークンとのつながりを断ち切ります**。
4. **イザヤ書49章24〜26節、コロサイ人への手紙2章14節、コリント人への手紙第二5章17節を用いて**、キリストにおけるアイデンティティを宣言します。
5. 必要であれば、**再奉献式を執り行い**、自分自身（または子供たち）を新たに神に捧げ、導かれるままに新しい名前を宣言します。

グループ申請

- 参加者に自分の名前の由来を調べるように勧めます。
- 導かれるならば、霊的な名前の変更のためのスペースを作り、人々が「デイビッド」や「エステル」などの名前、または霊に導かれたアイデンティティを主張できるようにします。
- グループを率いて、献身の象徴的な*再洗礼を行います*。これは水に浸す儀式ではなく、油注ぎと言葉に基づくキリストとの契約です。
- 両親は祈りの中で子供たちに対する聖約を破ります。「あなたはイエスに属しています。いかなる霊、川、または先祖のつながりも法的根拠にはなりません。」

重要な洞察

あなたの始まりは重要です。しかし、それがあなたの終わりを決定づける必要はありません。あらゆる川の権利は、イエスの血の川によって打ち砕かれるのです。

反省日記

- た名前やイニシャルは何ですか、それらは何を意味しますか?
- 私の誕生時に行われた、放棄する必要がある秘密の儀式や文化的な儀式はありましたか?
- 私は私の人生、つまり私の体、魂、名前、アイデンティティを本当に主イエス・キリストに捧げたでしょうか。

救済の祈り

父なる神よ、イエスの御名によって御前に参ります。私は、私の誕生に際して行われたあらゆる契約、献身、そして儀式を放棄します。あらゆる命名、水による儀式、そして先祖の権利の主張を拒否します。イニシャル、命名、あるいは隠された祭壇を通してであろうと、私の人生に対するあらゆる悪魔の権利を放棄します。私は今、完全にあなたのものであると宣言します。私の名は生命の書に記されています。私の過去はイエスの血によって覆われ、私のアイデンティティは聖霊によって封印されています。アーメン。

40日目：救われる者から救う者へ — あなたの痛みはあなたの聖職となる

「しかし、神を知る民は強くなり、偉業を成し遂げる。」 —ダニエル書11章32節
「そこで主は士師を立て、彼らを略奪者の手から救われた。」 —士師記2章16節

あなたは教会で静かに座るために救われたのではありません。
ただ生き延びるために解放されたのではありません。
あなたは**他の人々を救うために救われたのです**。
マルコによる福音書5章で悪霊に取りつかれた人を癒したイエスは、その物語を語るために彼をデカポリスに送り返しました。神学校も、聖職叙任もありませんでした。ただ**燃えるような証し**と、口に火がついただけでした。
あなたはあの男。あの女。あの家族。あの国。
耐え忍んできた痛みは今やあなたの武器。
逃れてきた苦しみはあなたのトランペット。あなたを闇に閉じ込めていたものが、今や**あなたの支配の舞台となる。**

実話 - 海兵隊の花嫁から救出の牧師へ

カメルーン出身のレベッカは、かつて海の精霊の花嫁でした。8歳の時、海岸沿いの命名儀式で入信しました。16歳になる頃には、夢の中で性行為をし、目で男

性を操り、魔術で何度も離婚を招いていました。彼女は「美しい呪い」として知られていました。
大学で福音に出会った時、彼女の悪魔は暴れ始めました。そこから解放されるまでに、断食、解放、そして深い弟子としての修行を6ヶ月間続けました。
現在、彼女はアフリカ全土の女性たちのために解放会議を開催しています。彼女の従順さを通して、何千人もの女性が解放されました。
もし彼女が黙っていたらどうなっていただろうか？

使徒的台頭 — 世界的な救済者が誕生

- **アフリカでは**、元呪術師たちが今、教会を設立している。
- **アジアでは**、元仏教徒たちが秘密の家でキリストを説いている。
- **ラテンアメリカでは**、かつてのサンテリアの司祭たちが祭壇を破壊している。
- **ヨーロッパでは**、元オカルティストたちがオンラインで聖書解説の勉強を主導している。
- **北米では**、ニューエイジの欺瞞の生存者たちが毎週、解放のためのズームを主導しています。

彼らは**あり得ない存在であり**、傷ついた存在であり、かつては闇の奴隷であったが今は光の中を進んでいます。そして**あなたもその一人です**。

最終行動計画 -呼びかけに応じる

1. たとえドラマチックではないと感じても、**あなたの体験談を書いてください。あなたの自由の物語を必要としている人がいます。**

2. **小さなことから始めましょう**。友達のために祈ったり、聖書研究会を主催したり、解放の過程を共有したりしましょう。
3. **決して学びをやめないでください**。救い主は御言葉にとどまり、悔い改め、鋭敏であり続けます。
4. **家族を守りましょう**。暗闇はあなたと子供たちで止まることを毎日宣言してください。
5. **霊的な戦場を宣言しましょう**— 職場、自宅、通り。門番になりましょう。

グループコミッショニング

今日は単なる祈りではなく、**委任式です**。

- 互いの頭に油を塗り、次のように言いなさい。

「あなたは救うために引き渡されました。神の審判者よ、立ち上がれ。」

- グループで声に出して宣言します。

「我々はもはや生存者ではない。戦士だ。我々は光を携え、闇は震える。」

- 大胆さと影響力を増し続けるために、祈りのペアや責任のパートナーを任命してください。

重要な洞察

闇の王国に対する最大の復讐は、単なる自由ではない。

それは増殖なのだ。

最終反省日記

- 自分が暗闇から光の中に入ったと分かった瞬間はいつだったでしょうか?
- 私の話を聞く必要がある人は誰ですか?

- 今週、意図的に光を当て始めるにはどこから始めればよいでしょうか?
- 他の人を自由にするために、私は嘲笑され、誤解され、抵抗される覚悟がありますか？

委任の祈り

父なる神よ、40日間の火と自由と真実に感謝します。あなたは私をただ守るために救ったのではなく、他の人々を救うために私を解放してくださいました。今日、私はこのマントを受け取ります。私の証は剣。私の傷は武器。私の祈りはハンマー。私の従順は礼拝です。私は今、イエスの御名によって歩みます。火を起こす者、救う者、光を運ぶ者として。私はあなたのものです。闇は私の中にも、私の周りにも存在しません。私は自分の場所を取ります。イエスの御名によって。アーメン。

360° 毎日、解放と支配の宣言-パート1

「あなたに対して造られた武器はどれも成功せず、あなたに対して裁きの場で立ち上がるすべての舌を、あなたは断罪するであろう。これが主のしもべたちの受け継ぐものである…」 -イザヤ書 54:17

今日も、そして毎日、私は霊、魂、体のすべてにおいてキリストの中に身を置きます。

私は闇の王国へのあらゆる扉 — 既知であれ未知の扉であれ — を閉ざします。

私は、邪悪な祭壇、先祖の霊、霊の配偶者、オカルト団体、魔術、悪魔の同盟とのあらゆる接触、契約、契約、交わりを、イエスの血によって断ち切ります。

私は売り物ではないと宣言します。私は近づきがたい存在です。私は採用対象ではありません。私は再入会の対象ではありません。

あらゆる悪魔的な召喚、霊的な監視、邪悪な召喚は、イエスの御名によって火によって打ち砕かれます。

私はキリストの思い、御父の御心、そして聖霊の声に身を委ねます。
光の中、真理の中、力の中、清らかさの中、そして目的の中を歩みます。

私は、夢、トラウマ、セックス、儀式、メディア、または誤った教えを通じて開かれた第三の目、精神的な門、そして不浄なポータルをすべて閉じました。

イエスの御名によって、神の火が私の魂にあるあらゆる違法な預金を焼き尽くしますように。

空、地、海、星、そして天に語りかける。あなたたちは私に逆らうことはできない。
私の命、家族、召命、領土に仕掛けられたあらゆる隠れた祭壇、手先、監視者、囁く悪魔――イエスの血によって武装解除され、沈黙させられよ！
私は神の言葉に心を浸します。
私の夢は神聖なものと宣言します。私の思考は守られています。私の眠りは神聖なものです。私の体は火の神殿です。
この瞬間から、私は360度の解放の中を歩みます。何も隠されることも、何も見逃されることもありません。
あらゆるしがらみは断ち切られ、あらゆる世代のくびきは砕かれ、悔い改められていない罪はすべて明らかにされ、清められます。

私は宣言します。

- **闇は私を支配できない。**
- **私の家は防火地域です。**
- **私の門は栄光で封印されています。**
- **私は従順に生き、力強く歩みます。**

私は同世代の救世主として立ち上がる。
私は振り返らない。後戻りもしない。私は光。私は炎

。私は自由。イエスの力強い御名によって。アーメン
！

360° 毎日、解放と支配の宣言-パート2

魔術、呪術、降霊術師、霊媒、悪魔の媒介からの**保護**
自分自身と、彼らの影響や束縛下にある他の人々の**解放**
イエスの血による**清めと覆い**
キリストにおける**健全性、アイデンティティ、自由の回復**
魔術、霊媒、降霊術、そして霊的束縛からの保護と自由
（イエスの血と私たちの証言の言葉を通して）
「そして彼らは、小羊の血と、その証しの言葉によって彼に打ち勝った…」
–黙示録 12:11
「主は…偽預言者のしるしをくじき、占い師を愚弄し…しもべの言葉を確かなものとし、使者の計りごとを成就される。」
–イザヤ書44:25-26
「主の霊がわたしの上にある…捕らわれ人に解放を、縛られている人に解放を告げる…」
–ルカ4:18

開会の祈り：
父なる神よ、私は今日、イエスの血によって大胆に進み出ます。あなたの御名の力を認め、あなただけが私の救い主であり、守り手であることを宣言します。私はあなたの僕、そして証人として立ち、今日、大胆さと権威をもってあなたの御言葉を宣言します。

保護と救済の宣言

1. 魔術、霊媒、降霊術師、霊的影響からの解放：

- 私は、魔術、降霊術、霊媒、または霊的な経路を通じて語られるか実行されるかを問わず、あらゆる呪い、呪文、占い、魔法、操作、監視、幽体離脱、または魂のつながりを破壊**し、放棄します。**
- **イエスの血は、**私や私の家族を束縛し、惑わし、欺き、操ろうとするあらゆる汚れた霊に対抗するものであると宣言し**ます。**
- 私は、**すべての霊的干渉、所有、抑圧、または魂の束縛が、**イエス・キリストの名のもとに権威によって今打ち破られるよう命じます。
- 私は**自分自身と、知らず知らずのうちに魔術や偽りの光の影響下にあるすべての人々のために、解放を誓います**。今すぐ出てきてください！イエスの御名によって自由になりましょう！
- 私たちの運命を奴隷化したり罠にかけたりするために霊の中に築かれた**あらゆる霊的なくびき、悪魔的な契約、祭壇を燃やし尽くす**よう、私は神の火に祈ります。

「ヤコブに対しては魔術はなく、イスラエルに対しては占いはない。」 *－民数記23:23*

2. 自分自身、子供、家族の浄化と保護：

- **心、魂、精神、身体、感情、家族、子ども、そして仕事**に対してイエスの血を請い求めます。
- 私は宣言します。私と私の家は**聖霊によって封印され、キリストとともに神の中に隠されています。**
- 私たちに対して形作られた武器はどれも成功しません。私たちに対して悪を語るすべての舌は、イエスの御名によって**裁かれ、沈黙させられます。**
- **恐怖、苦痛、混乱、誘惑、または支配の霊**を放棄し、追い払います。

「わたしは主である。偽り者の証を無にする者よ…」*–イザヤ書44章25節*

3. **アイデンティティ、目的、健全な精神の回復：**
   - 欺瞞や精神的妥協によって**売買され、捕らえられ、盗まれた**私の魂とアイデンティティのあらゆる部分を取り戻します。
   - 私は宣言します。私は**キリストの精神を持ち**、明晰さと知恵と権威を持って歩んでいます。
   - 私は宣言します。私は**あらゆる世代の呪いと家庭の魔術から解放されており**、主との契約に従って歩んでいます。

「神はわたしに、恐れの霊ではなく、力と愛と慎み深さの霊を与えてくださいました。」*–テモテへの手紙二1章7節*

4. **キリストにおける日々の覆いと勝利：**
   - 私は宣言します。今日、私は神の**加護、識別力、そして平和の中で歩みます。**

- イエスの血は私にとって、保護、癒し、権威、そして自由という、**より良いものを物語っています。**
- この日に定められたすべての邪悪な任務は覆されました。私はキリスト・イエスにあって勝利と輝かしい道を歩んでいます。

「たとえ千人がわたしの傍らに倒れ、万人がわたしの右に倒れても、わたしに近づくことはできない…」－*詩篇91:7*

最終宣言と証言：

「私は、あらゆる闇、魔術、降霊術、呪術、霊的操作、魂の改ざん、邪悪な霊的転移を、私の力ではなく、**イエスの血と私の証言の言葉によって克服します。**」

「私は宣言します。**私は解放されました。私の家族も解放さ**れました。隠されたくびきはすべて砕かれ、すべての罠は暴かれ、すべての偽りの光は消え去りました。私は自由の中を歩みます。私は真理の中を歩みます。私は聖霊の力の中を歩みます。」

「主はその僕の言葉を成就し、その使者の計らいを成就される。今日も、そして今後毎日も、そうである。」

イエスの力強い御名において、**アーメン。**

聖書の参照箇所:

- イザヤ書44:24-26
- 黙示録12:11
- イザヤ書 54:17
- 詩篇91篇
- 民数記 23:23
- ルカ4:18

- エペソ6:10-18
- コロサイ3:3
- テモテへの第二の手紙1章7節

360°毎日、解放と支配の宣言-パート3

「主は軍人であり、その名は主である。」 – 出エジプト記 15:3
「彼らは小羊の血と証しの言葉によって彼に打ち勝った…」 – 黙示録 12:11
今日、私は起き上がり、キリストにあって私の地位に就きます。私は、すべての君主、権力、王座、主権、そして、呼ばれるあらゆる名よりもはるかに高い、天の所に座しています。

私は放棄します
私は、既知または未知のあらゆる契約、誓約、または入会手続きを放棄します。

- フリーメイソン（第1階級から第33階級）
- カバラとユダヤ神秘主義
- イースタンスターと薔薇十字団
- イエズス会とイルミナティ
- 悪魔の同胞団とルシフェリアン宗派
- 海の精霊と海底の契約
- クンダリーニの蛇、チャクラの配置、第三の目の活性化
- ニューエイジの欺瞞、レイキ、キリスト教のヨガ、アストラル旅行
- 魔術、呪術、降霊術、アストラル契約
- セックス、儀式、秘密協定によるオカルト的な魂のつながり
- 私の血統と祖先の聖職に対するフリーメーソンの誓い

私はあらゆる霊的な臍の緒を断ち切ります。

- 古代の血の祭壇
- 偽りの預言の火
- 霊の配偶者と夢の侵入者
- 神聖幾何学、光のコード、そして普遍法の教義
- 偽キリスト、使い魔、偽の聖霊

イエスの血が私のために語らせてください。すべての契約が破られますように。すべての祭壇が砕かれますように。すべての悪魔の正体が今、消え去りますように。

私は宣言します

私は宣言します。

- 私の体は聖霊の生きた神殿です。
- 私の心は救いの兜によって守られています。
- 私の魂は毎日、御言葉の洗いによって聖化されます。
- 私の血はカルバリーによって清められます。
- 私の夢は光の中に封じられています。
- 私の名前は子羊の生命の書に記されています。オカルトの登録簿、ロッジ、航海日誌、巻物、または印章に記されているわけではありません。

私は命令する

私は命じる。

- あらゆる闇のエージェント、監視者、監視者、アストラルプロジェクターは、盲目にされ、追い散らされる。
- 冥界、海界、そしてアストラル界へのあらゆる束縛を断ち切ろう！

- あらゆる暗い刻印、インプラント、儀式による傷、または精神的な焼き印は、火によって浄化されます。
- 嘘をささやくすべての使い魔を今すぐ黙らせてください!

私は離脱する

私は以下から離脱します:

- すべての悪魔のタイムライン、魂の牢獄、そして霊の檻
- すべての秘密結社の階級と階級
- 私が着てきた偽りのマント、王座、王冠
- 神によって創造されていないすべてのアイデンティティ
- 闇のシステムによって強化されたすべての同盟、友情、関係

私は設立する

私は以下を確立します:

- 私と私の家族の周りには栄光の防火壁がある
- あらゆる門、入り口、窓、通路に聖なる天使がいます
- 私のメディア、音楽、記憶、そして心の純粋さ
- 私の友情、奉仕、結婚、そして使命における真実
- 聖霊との途切れることのない交わり

提出します

私は

、屠られた子羊、統治する王、吠えるライオンであるイエス・キリストに完全に服従します。

私は光を選びます。私は真実を選びます。私は従順を選びます。

私はこの世の闇の王国に属しているのではありません
。
私は私たちの神とキリストの王国に属しています。

私は敵に警告する

この宣言により、私は以下の者に通知します。

- あらゆる高位の公国
- 都市、血統、国家を支配するすべての霊
- すべてのアストラル旅行者、魔女、魔術師、または堕ちた星…

私は触れることのできない財産です。
私の名前はあなたの記録簿には載っていません。私の魂は売り物ではありません。私の夢はあなたの命令の下にあります。私の体はあなたの神殿ではありません。私の未来はあなたの遊び場ではありません。私は束縛に戻るつもりはありません。祖先の輪廻を繰り返すつもりはありません。奇妙な炎を運ぶつもりはありません。蛇の安息の地となるつもりもありません。

私は封印する

私は以下の文言でこの宣言を封印します。

- イエスの血
- 聖霊の火
- 言葉の権威
- キリストの体の一致
- 私の証言の音

イエスの御名において、アーメン、アーメン

結論：生存から子としての立場へ — 自由を維持し、自由に生き、他者を自由にする

「ですから、キリストが私たちを自由にしてくださったその自由を堅く保ち、再び奴隷のくびきに縛られてはなりません。」 –ガラテヤ人への手紙 5:1
「神は彼らを暗闇と死の陰から導き出し、彼らの鎖を断ち切りました。」 –詩篇 107:14
戦い、**目覚め**、そして**支配の中で歩む**ためのものでした。
あなたは闇の王国がどのように機能するかを目の当たりにしてきました — 巧妙に、世代を超えて、時には公然と。祖先の門、夢の世界、オカルトの契約、世界的な儀式、そして霊的な苦悩を旅してきました。想像を絶する苦痛の証言に遭遇してきましたが、同時に**根本的な救済**にも遭遇してきました。祭壇を破壊し、嘘を捨て去り、多くの説教壇が恐れて名指しできない事柄に立ち向かいました。
しかし、これで終わりではありません。

真の旅が始まります。**自由を維持し、御霊に生き、他の人々に脱出の道を教えること。**
40日間の火の苦しみを耐え抜いてエジプトに戻るのは簡単です。孤独や情欲、あるいは精神的な疲労から、祭壇を破壊して再び建て直すのも簡単です。
やめてよ。
自転車の奴隷ではありません。城壁の番人。家族の門番。**街**の戦士。**諸国**の**声を代弁する者。**

7 支配権を握る者たちへの最終命令

1. **門を守りなさい。**
   妥協、反抗、人間関係、好奇心などによって霊的な扉を再び開かないでください。
   「悪魔に場所を与えてはなりません。」 ー エペソ人への手紙 4:27
2. **食欲をコントロールしましょう。**
   断食は月経周期の一部に取り入れるべきです。断食は魂を整え、肉体を従順に保ってくれます。
3. **純潔を貫きましょう。**
   感情、性、言葉、視覚。不純さは悪魔が再び侵入する際に最もよく使われる門です。
4. **御言葉をマスターし**
   ましょう。聖書は選択の余地がありません。それはあなたの剣であり、盾であり、日々の糧なのです。 *「キリストの言葉を豊かにあなたの内に住まわせなさい…」* （コロサイ3:16）
5. **仲間を見つけよう**
   救いは決して一人で歩むものではありません。聖霊に満ちたコミュニティの中で、共に築き、奉仕し、癒し合いましょう。
6. **苦しみを受け入れ**
   ましょう。そうです、苦しみです。すべての苦しみが悪魔的なわけではありません。中には聖化をもたらすものもあります。それを乗り越えてください。栄光が待っています。
   「しばらくの苦しみの後、神はあなた方を強くし、落ち着かせ、強くしてくださいます。」 ー ペテロ第一 5:10

7. **他の人に教えましょ**
う。あなたは無償で受けました。今度は無償で与えましょう。他の人が自由になれるよう助けましょう。家庭、あなたの仲間、あなたの教会から始めましょう。

伝授から弟子へ
この祈りは、癒しを求めるだけでなく軍隊の立ち上がりを求める世界的な叫びです。
戦争の匂いを嗅ぎ分ける
羊飼いたちの時が来た。蛇にひるまない
預言者たちの時が来た。世代間の約束を破り、真実の祭壇を築く
母親と父親たちの時が来た。**諸国に**警告を与え、教会がもはや沈黙しない時が来た。

あなたこそが違いを生み出す
ここからどこへ行くかが重要だ。何を背負って行くかが重要だ。あなたが引き出された闇こそ、今あなたが支配権を持つ領域なのだ。
解放はあなたの生得権です。支配権はあなたのマントです。
さあ、歩いてみましょう。

最後の祈り
主イエス様、この40日間、私と共に歩んでくださり、感謝します。闇を暴き、鎖を断ち切り、私をより高き所へと召してくださったことに感謝します。私は後戻りしません。恐れ、疑い、そして失敗によって、あらゆる約束を破ります。私は大胆に御国の務めを受け入れます。私を用いて、他の人々を自由にしてください。毎日、聖霊で満たしてください。私

の人生が、私の家族、私の国、そしてキリストの体において、光の武器となりますように。私は沈黙しません。私は敗北しません。私は諦めません。私は闇から支配へと歩みます。永遠に。イエス様の御名によって。アーメン。

キリストと共に生まれ変わり、新しい人生を始める方法

あなたは以前イエスと共に歩んだことがあるかもしれませんし、あるいはこの40日間を通してイエスに出会ったばかりかもしれません。しかし今、あなたの内側で何かが動いています。

あなたは宗教以上のものを受け入れる準備ができています。
人間関係を築く準備ができています。
「イエス様、私はあなたが必要です」と言う準備ができています。

真実はこうです。

「すべての人は罪を犯し、神の栄光の基準に達しないからです。しかし神は、恵みによって、私たちを神の前に義としてくださいます。」
-ローマ人への手紙3章23～24節（NLT）

救いは勝ち取ることはできません。
自分自身を直すこともできません。しかし、イエスはすでにすべての代価を支払ってくださり、あなたを家に迎え入れるのを待っておられます。

生まれ変わる方法

新しく生まれるということは、自分の人生をイエスに捧げることを意味します。つまり、イエスの赦しを受け入れ、イエスが死んで復活したことを信じ、イエスを自分の主であり救い主として受け入れるということです。

それはシンプル。それは強力。それはすべてを変える。

声に出して祈ってください:

主イエス様、あなたが神の御子であると信じます。
あなたが私の罪のために亡くなり、復活されたと信じます。
私は罪を犯したことを告白し、あなたの赦しを必要としています。
今日、私は悔い改め、古い生き方から離れます。
あなたを私の人生に迎え、私の主、救い主として
お迎えします。私を清め、あなたの御霊で満たしてください。
私は生まれ変わり、赦され、自由であると宣言します。
この日から、私はあなたに従い
、あなたの足跡を辿って生きていきます。
私を救ってくださり、感謝します。イエス様の御名によって、アーメン。

救われた後の次のステップ

1. **誰かに伝える**- あなたが信頼する信者とあなたの決断を共有しましょう。
2. **聖書に基づいた教会を見つけましょう**。神の言葉を教え、それを実践するコミュニティに参加しましょう。God's Eagleミニストリーのウェブサイト（https://www.otakada.orgまたはhttps://chat.whatsapp.com/H67spSun32DDTma8TLh0ov）をご覧ください。
3. **洗礼を受ける**- 信仰を公に宣言する次のステップを踏み出しましょう。
4. **毎日聖書を読んでください**。ヨハネによる福音書から始めましょう。
5. **毎日祈りましょう**- 友人として、また父親として神に話しかけましょう。
6. **つながりを保つ**- 新しい歩みを応援してくれる人たちに囲まれてください。
7. **コミュニティ内で弟子訓練のプロセスを開始**-これらのリンクを通じてイエス・キリストとの一対一の関係を築きます

   40日間の弟子訓練 1 – https://www.otakada.org/get-free-40-days-online-discipleship-course-in-a-journey-with-jesus/

   40日間の弟子訓練2 – https://www.otakada.org/get-free-40-days-dna-of-discipleship-journey-with-jesus-series-2/

私の救いの瞬間

日付：＿＿＿＿＿＿＿＿＿＿＿＿＿＿＿＿

サイン：＿＿＿＿＿＿＿＿＿＿＿＿＿＿

「キリストに結ばれている人は、新しく造られた者です。古いものは過ぎ去り、新しいものが生じたのです。」
–コリント人への手紙二 5:17

キリストにおける新しい命の
証明書

救いの宣言 - 恵みによって生まれ変わる

これは、

____

______

（フルネーム）

イエス・キリストを主であり救い主であると信じる信仰を
公に宣言し、キリストの死と復活を通して救いの無償の賜物を受け取りました。

「もしあなたが、イエスが主であることを告白し、神がイエスを死者の中から復活させたと心で信じるなら、あなたは救われるのです。」
–ローマ人への手紙10章9節（NLT）

この日、天国は歓喜し、新たな旅が始まります。

決定日：______________________________

サイン：＿＿＿＿＿＿＿＿＿＿＿＿＿＿＿＿＿＿＿＿＿＿

救済宣言

「今日、私はイエス・キリストに私の人生を捧げます。
主が私の罪のために亡くなり、復活されたことを信じます。私は主を私の主、救い主として受け入れます。私は赦され、生まれ変わり、新しくされました。この瞬間から、私は主の足跡を辿ります。」

神の家族へようこそ！

あなたの名前は小羊の生命の書に記されています。
あなたの物語は始まったばかりです ― そしてそれは永遠です。

ゴッズ・イーグル・ミニストリーズとつながる

- ウェブサイト：www.otakada.org
- 心配事を超えた富シリーズ：www.wealthbeyondworryseries.com
- メールアドレス：ambassador@otakada.org

- **この作品をサポートする：**

契約に基づいた寄付を通じて、王国のプロジェクト、ミッション、無料のグローバルリソースをサポートします。

QR コードをスキャンして寄付する

https://tithe.ly/give?c=308311

皆様のご厚意は、より多くの人々に福音を伝え、資料を翻訳し、宣教師を支援し、世界中で弟子育成システムを構築する上で役立っています。ありがとうございます！

Give in the Spirit of Luke 6:38

3. WhatsApp Covenantコミュニティに参加する
最新情報や祈りのコンテンツを受け取り、世界中の契約を重んじる信者とつながりましょう。
参加するにはスキャンしてください
https://chat.whatsapp.com/H67spSun32DDTma8TLh0ov

おすすめの書籍とリソース

- ***闇の力から解放される***（ペーパーバック） – こちらから購入| Amazonの電子書籍
    - **米国からのトップレビュー：**
        - **Kindle カスタマー**：「これまで読んだ中で最高のキリスト教書です!」（5 つ星）

この証しをくださったイエス様を賛美します。私は本当に祝福を受けました。この本を皆様にぜひ読んでいただきたいと思います。罪の報いは死ですが、神の賜物は永遠の命です。シャローム！シャローム！

- **Da Gster** ：「これは非常に興味深く、そしてかなり奇妙な本です。」（5つ星）

この本に書かれていることが真実なら、私たちは敵ができることよりはるかに遅れをとっていることになります。… 霊的な戦いについて学びたい人にとっては必読です。

- **Visa** ：「この本が大好きです」（5つ星）

これは目から鱗が落ちる…本当の告白…最近、これを買おうとあちこち探し回っていたんです。Amazonで買えて本当に嬉しいです。

- **FrankJM** ：「かなり違う」（4つ星）

この本は、霊的な戦いがいかに現実のものかを思い出させてくれます。また、「神の武具」を身に着ける理由も思い起こさせてくれます。

- **JenJen** ：「天国に行きたい人はみんなこれを読んで！」（5つ星）

この本は私の人生を大きく変えました。ジョン・ラミレスの証言と合わせて読むと、信仰を違った視点で見つめられるようになるでしょう。もう6回も読みました！

- *元サタニスト：ジェームズ・エクスチェンジ*（ペーパーバック）–購入はこちら| Amazonの電子書籍

- ***アフリカの元悪魔主義者の証言***- *ジョナス・ルクントゥ・ムパラ牧師*（ペーパーバック）–購入はこちら| Amazonの電子書籍

- *グレーター・エクスプロイツ 14*（ペーパーバック）–こちらから購入| Amazonの電子書籍

- ジョン・ラミレス著*『悪魔の大釜から』* – Amazonで購入可能
- レベッカ・ブラウン著『*捕虜を解放するために来たのは彼だ』* – Amazonで探す

著者が出版したその他の書籍 - 500タイトル以上

『愛され、選ばれ、そして完全：拒絶から回復への30日間の旅』は世界40の言語に翻訳されています
https://www.amazon.com/Loved-Chosen-Whole-Rejection-Restoration-ebook/dp/B0F9VSD8WL

https://shop.ingramspark.com/b/084?params=xga0WR16muFUwCoeMUBHQ6HwYjddLGpugQHb3DVa5hE

Loved, Chosen and Whole
A 30-Day Journey from Rejection to Restoration
Zacharias Godseagle; Ambassador
Monday O. Ogbe; Comfort Ladi Ogbe

彼の足跡をたどる — 40日間のWWJDチャレンジ：世界中の実話から学ぶイエスの生き方

https://www.amazon.com/His-Steps-Challenge-Real-Life-Stories-ebook/dp/B0FCYTL5MG

https://shop.ingramspark.com/b/084?params=DuNTWS59IbkvSKtGFbCbEFdv3Zg0FaITUEv1K49yLzB

戸口に立つイエス：
40の悲痛な物語と、今日の教会への天からの最後の警告

https://www.amazon.com/dp/B0FDX31L9F

https://shop.ingramspark.com/b/084?params=TpdA5j8WPvw83glJ12N1B3nf8LQte2allIEy32bHcGg

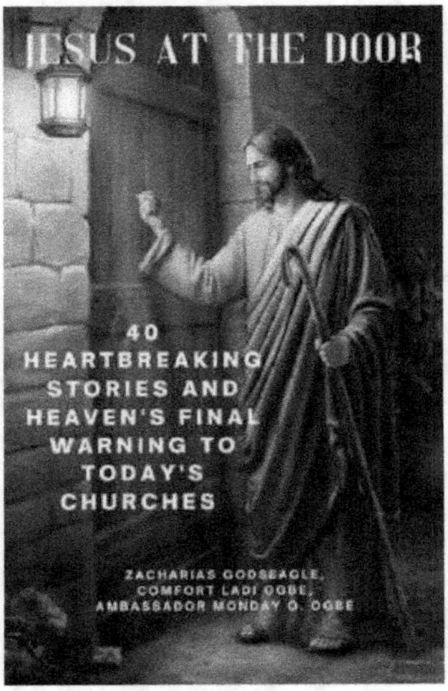

契約生活：申命記28章の祝福の中を歩む40日間

- https://www.amazon.com/dp/B0FFJCLDB5

実在の人々の物語、実在の従順、そして実在の

https://shop.ingramspark.com/b/084?params=bH3pzfz1zdCOLpbs7tZYJNYgGcYfU32VMz3J3a4e2Qt

20以上の言語での変革

彼女を知ること、そして彼を知ること：
癒し、理解、そして永遠の愛への40日間

https://www.amazon.com/KNOWING-HER-HIM-Healing-Understanding-ebook/dp/B0FGC4V3D9

https://shop.ingramspark.com/b/084?params=vC6KCLoI7Nnum24BVmBtSme9i6k59p3oynaZOY4B9Rd

競争ではなく、完全性：
目的、団結、そしてコラボレーションへの40日間の旅

https://shop.ingramspark.com/b/084?params=5E4v1tHgeTqOOuEtfTYUzZDzLyXLee30cqYo0Ov9941

https://www.amazon.com/COMPLETE-NOT-COMPETE-Journey-Collaboration-ebook/dp/B0FGGL1XSQ/

神の健康コード - 神の言葉と創造を通して癒しを活性化する40の日々の鍵。植物、祈り、そして預言的な行動の癒しの力を解き放ちます。

https://shop.ingramspark.com/b/084?params=xkZMrYcEHnrJDhe1wuHHYixZDViiArCeJ6PbNMTbTux

https://www.amazon.com/dp/B0FHJT42TK

https://www.amazon.com/stores/Ambassador-Monday-0.-Ogbe/author/B07MSBPFNXでご覧いただけます。

付録（1–6）：自由を維持し、より深い解放を得るためのリソース

付録1：教会に隠された魔術、オカルトの実践、または奇妙な祭壇を識別するための祈り

「人の子よ、彼らが暗闇の中で何をしているか、あなたは見ているか…？」 –エゼキエル書 8:12
「実を結ばない暗闇の業に加わらないで、むしろそれを暴露しなさい。」 –エペソ人への手紙 5:11

識別と露出のための祈り：
主イエスよ、私の目を開いて、あなたが見ているものを見せてください。あらゆる奇妙な火、あらゆる秘密の祭壇、説教壇や会衆席、あるいは慣習の背後に隠れているあらゆるオカルト的な行為を暴いてください。ベールを取り除いてください。礼拝の仮面を被った偶像崇拝、預言の仮面を被った操作、そして恵みの仮面を被った倒錯を暴いてください。私の地元の集会を浄化してください。もし私が妥協した交わりの一部であるならば、私を安全な場所へと導いてください。清い祭壇を建ててください。清い手と聖なる心を。イエスの御名によって。アーメン。

付録2：メディア放棄および浄化プロトコル

「わたしは、わたしの目の前に悪を置かない…」 –詩篇101:3

メディア生活を浄化するための手順:

1. **監査します。**
2. **質問:** これは神を讃えるものでしょうか。それは暗闇への扉を開くものでしょうか（例えば、恐怖、欲望、魔術、暴力、ニューエイジのテーマなど）。
3. **放棄**：

「私は、不敬虔なメディアによって開かれたあらゆる悪魔の門を放棄します。敵によって力づけられた著名人、クリエイター、キャラクター、そしてストーリーラインとのあらゆる魂の繋がりを、私の魂から切り離します。」

4. **削除と破棄**: コンテンツを物理的およびデジタル的に削除します。
5. 礼拝、教え、証言、健全な映画など、神に喜ばれるものに**置き換えてください。**

付録3：フリーメイソン、カバラ、クンダリーニ、魔術、オカルト放棄スクリプト

「無益な暗闇の業には一切関わりを持たないようにしなさい…」 –エペソ人への手紙5章11節

声に出して言ってください:

イエス・キリストの名において、私はあらゆる秘密結社やオカルト団体への誓約、儀式、象徴、そして入会を、故意か否かを問わず放棄します。また、以下の者との一切の関係を拒絶します。

- **フリーメイソン**- すべての階級、シンボル、血の誓い、呪い、偶像崇拝。
- **カバラ**- ユダヤの神秘主義、ゾハルの解釈、生命の樹の祈祷、または天使の魔法。
- **クンダリーニ**- 第三の目の開放、ヨガの覚醒、蛇の火、チャクラの調整。
- **魔術とニューエイジ**- 占星術、タロット、クリスタル、月の儀式、魂の旅、レイキ、白魔術または黒魔術。
- **薔薇十字団、イルミナティ、スカル&ボーンズ、イエズス会の誓い、ドルイド教団、悪魔主義、心霊術、サンテリア、ブードゥー教、ウィッカ、セレマ主義、グノーシス主義、エジプトの秘儀、バビロニアの儀式。**

わたしのために結ばれたあらゆる契約を無効にします。血統、夢、魂の繋がりなど、あらゆる繋がりを断ち切ります。霊、魂、そして肉体、すべてを主イエス・キリストに捧げます。小羊の血によって、あらゆる悪魔の門が永久に閉じられますように。わた

しの名があらゆる闇の記録から清められますように。アーメン。

付録4：聖油活性化ガイド

「あなたがたのうちに苦しんでいる人はいますか。その人は祈りなさい。あなたがたのうちに病気の人はいますか。その人は長老たちを呼び、主の御名によって油を注ぎなさい。」 –ヤコブの手紙5:13-14

解放と支配のために聖油を使用する方法：

- **額**：心を新たにする。
- **耳**：神の声を識別する。
- **腹部**：感情と精神の座を浄化します。
- **足**：神聖な運命に向かって歩む。
- **ドア/窓**: 霊的な門を閉じて家を浄化します。

塗油の際の宣言：

「聖霊の油をもって、この場所と器を聖別します。いかなる悪霊もここには立ち入ることができません。主の栄光がこの場所に宿りますように。」

付録5：オカルト源からの第三の目と超自然的な視覚の放棄

声に出して言ってください:

イエス・キリストの御名において、私は第三の目が開かれることをすべて放棄します。トラウマ、ヨガ、アストラルトラベル、サイケデリック、霊的操作など、いかなる手段によってであれ。主よ、すべての違法なポータルを閉じ、イエスの血によって封印してください。聖霊に由来しないすべてのビジョン、洞察、超自然能力を解放してください。私を監視しているすべての悪魔の監視者、アストラルプロジェクター、そして存在が、イエスの御名において盲目にされ、縛られますように。私は力よりも純粋さ、洞察よりも親密さを選びます。アーメン。

付録6：霊的成長のための証言付きビデオリソース

1） 1.5 分から開始 - https://www.youtube.com/watch?v=CbFRdraVa1c

2） https://youtu.be/b6WBHAcwN0k?si=ZUPHzhDVnn1PPIEG

3） https://youtu.be/XvcqdbEI01M?si=GBlXg-c0-7f09cR

4） https://youtu.be/jSm4r5oEKjE?si=1Z0CPgA33S0Mfvyt

5） https://youtu.be/B2VYQ2-5CQ8?si=9MPNQuA2f2rNtNMH

6) https://youtu.be/MxY2gJzYO-U?si=tr6EMQ6kcKyjkYRs
7) https://youtu.be/ZW0dJAsfJD8?si=Dz0b44I53W_Fz73A
8) https://youtu.be/q6_xMzsj_WA?si=ZTotYKo6Xax9nCWK
9) https://youtu.be/c2ioRBNriG8?si=JDwXwxhe3jZlej1U
10) https://youtu.be/8PqGMMtbAyo?si=UqK_S_hiyJ7rEGz1
11) https://youtu.be/rJXu4RkqvHQ?si=yaRAA_6KIxjm0eOX
12) https://youtu.be/nS_Insp7i_Y?si=ASKLVs6iYdZToLKH
13) https://youtu.be/-EU83j_eXac?si=-jG4StQOw7SOaNaL
14) https://youtu.be/_r4Jyzs2EDk?si=tldAtKOB_3-J_j_C
15) https://youtu.be/KiiUPLaV7xQ?si=I4x7aVmbgbrtXF_S
16) https://youtu.be/68m037cPEu0?si=XpuyyEzGfK1qWYRt
17) https://youtu.be/z4zlp9_aRQg?si=DR31DYTt632E96a6
18) https://youtube.com/shorts/H_90n-QZU5Q?si=uLPScVXm81DqU6ds

最終警告：これで遊ぶことはできません

救済は娯楽ではない。戦争だ。
悔い改めのない放棄はただの雑音に過ぎない。好奇心は呼びかけと同じではない。気軽に立ち直れないこともある。
だから、代償を計算しなさい。清らかに歩み、門を守りなさい。
悪魔は騒音ではなく、権威だけを尊重するからです。

www.ingramcontent.com/pod-product-compliance
Lightning Source LLC
Chambersburg PA
CBHW050338010526
44119CB00049B/592
* 9 7 8 1 0 8 8 2 1 2 1 6 5 *